KB113211

인물로 보는 일본역사 제8권

메이지 천황
일본 제국의 기초를 닦다

차례
Contents

신격화에 가려진 메이지 천황의 '실상'

1909년 10월 26일 오전 9시 30분경 하얼빈 역에서 7발의 총성이 울렸다. 안중근(安重根)이 이토 히로부미(伊藤博文)를 향하여 총을 쏜 것이다. 가슴과 복부에 3발의 총을 맞은 이토는 황급히 열차 안으로 옮겨졌다. 측근들이 고통을 줄이기 위해 건네준 보드카를 한 모금 들이킨 이토는 조선인의 범행이라는 말을 듣고 "그런가, 바보 같은 녀석"이라는 말을 내뱉고 잠시 후 숨을 거두었다. 이토에게 조선인이 정말 '바보'로밖에 보이지 않았는지, 아니면 허탈한 심정에서 한 말인지는 알 수가 없다.

안중근은 재판에서 이토를 암살한 이유로 열거한 '이토

히로부미의 죄상 15개조' 가운데 제14조에서 이토가 메이지 (明治) 천황의 아버지 고메이(孝明) 천황을 암살했기 때문이라고 했다. 또한 마지막 제15조에서는 이토가 일본 천황과 세계 각국에 '한국은 무사하다'고 속이고 있기 때문이라고 했다. 안중근은 메이지 천황은 동아시아의 평화를 중시하는데 이토가 이를 중간에서 그르치고 있다고 믿은 것이다. 안중근은 죽을 때까지 그렇게 믿고 있었다. 그런 점에서 안중근은 '순진한 바보'였다.

실제로 메이지 천황은 고메이 천황의 죽음에 전혀 관여하지 않았으며 한국의 식민지 지배에 대해서 반대한 것도 아니었다. 그렇다면 메이지유신으로 시작되는 메이지시대 최고 권력자 메이지 천황은 어떤 인물이었을까. 우리에게 일본의 메이지유신(明治維新)은 귀에 익숙하지만 메이지 천황에 대해서는 거의 알려진 것이 없다.

메이지시대의 정치적 주역 이토 히로부미는 누구보다도 귀에 익숙할 것이며, 사이고 다카모리(西鄕隆盛)·야마가타 아리토모(山県有朋)·도고 헤이하치로(東鄕平八郞)·노기 마레스케(乃木希典) 등은 한국에도 잘 알려진 메이지시대의 역사적인 인물이다. 이들은 모두 메이지 천황과 뗄 수 없는 관계에 있지만 정작 메이지 천황이 어떤 인물이었는지에 대해서는 잘 알지 못한다.

이렇게 막연한 메이지 천황의 인물상을 추적하면서 어려웠던 것은 인간으로서의 천황의 '실상'이 제대로 보이지 않는다는 점이었다. 그 직접적인 이유는 메이지 천황이 스스로 일기나 편지, 수기 등을 전혀 남기지 않았기 때문이다. 역대 천황은 전통적으로 문학 방면을 중시했기 때문에 뛰어난 시인이 많으며 메이지 천황도 10만 수가 넘는 시(와카和歌)를 남겼다고 한다. 이 시를 통해서 천황의 감정이나 사상을 유추해볼 수도 있겠지만 그조차도 권위 있는 대가들의 조력을 빌려 첨삭되었을 가능성이 있기 때문에 과연 천황의 독창적인 작품인지 분간하기 어렵다.

더구나 메이지 천황에 대한 전기의 대부분은 찬양과 미화에 치우쳐 있어 그 안에서 메이지 천황의 '실상'을 찾아내기란 쉬운 일이 아니었다.

예를 들면 메이지 천황의 용의주도한 성격·책임감·의무감·절약정신·배려심·기억력에 대한 일화가 측근들의 증언이나 기록 등을 통해서 전해지고 있다. 하지만 메이지 천황이 실제로 그런 언행을 했는지, 또는 역사적인 사실과 합치하는지에 대해서는 불분명한 부분이 많다. 천황의 측근들이 남긴 수기나 회상록이 있지만 같은 상황에 대해서도 서로 다른 증언을 남긴 부분이 적지 않아 신빙성이 떨어진다. 또한 인간 메이지 천황이 메이지유신이라는 격동기를 거쳐 일본의 근대국가 형성과정에서 어떤 역할을 했는지에 대해서는 대부분이 '위대한 군주'였다는 것을 강조하고 있어 과장된 느낌을 지울 수 없다.

한편 메이지 천황의 전기와는 달리 정치사의 관점에서 메이지 천황을 다룬 연구서는 대부분이 메이지헌법·의회제도·황실제도 등의 정치제도와 관련해서 서술하고 있어 인간 메이지 천황과 근대천황제라는 시스템 간의 구분이 명확하지 않을 뿐만 아니라 메이지 천황의 개성이나 인간적인 모습도 잘 보이지 않는다. 이러한 연구는 1914년부터 1933년까지 거의 20년에 걸쳐 완성된 『메이지 천황기(明治天皇紀)』의 기술을 1차 자료로 인용하고 있다. 하지만 거기에 수록된 칙어나 칙서의 내용은 거의 대부분이 메이지 천황이 직접 말하거나 작성한 것이 아니기 때문에 실상을 전해주는 것으로 보기 어렵다.

이와 같이 인간으로서의 메이지 천황이라는 인물이 좀처럼 구체적인 모습을 보이지 않는 가장 큰 이유는 근대천황제의 시스템으로 치장되어버린 '허상' 때문이라고 할 수 있을 것이다. 천황제는 고대부터 존속해왔지만 근대천황제는 전에 없이 제도적으로 신격화된 시스템이었다. 근대천황제라는 시스템은 천황 개인의 개성이나 인격에 의거하지 않고 황실의 조상신 아마테라스 오미카미(天照大神) 이래의 황통을 잇는 '전통 카리스마'를 통해서 강력한 지배의 정당성을 강조하는 데 중요한 특징이 있었다.

이렇게 신격화된 근대천황제는 메이지 천황이 주도해서 만든 것이 아니라 에도(江戶) 막부를 무너뜨리고 메이지유신을 주도한 정치세력이 지배의 정당성을 강조하기 위해 창출한 것이었다. 따라서 인간으로서의 메이지 천황의 '실상'에 구체적으로 접근하기 위해서는 무엇보다도 근대 천황제 시스템에 따라 신격화된 천황과 '허상'의 관계에 주목할 필요가 있다.

다시 말하자면 제도적으로 신격화된 외피 속에 포장되어 있는 메이지 천황의 '실상'은 과연 어떤 모습을 하고 있을까. 인간으로서의 메이지 천황의 '실상'과 근대 이후 신격화된 천황의 '허상'의 사이에는 어느 정도의 거리가 있는 것일까. 그리고 메이지 천황의 '실상'과 '허상'은 어떻게 일체화되어 갔을까.

이를 구체적으로 밝히기 위해서는 먼저 근대천황제라는 시스템이 창출되는 과정부터 살펴볼 필요가 있을 것이다.

제1장 일본이 기억하는 메이지 천황

메이지신궁과 메이지성덕기념회화관

1868년 메이지유신부터 시작되는 근대 일본은 3명의 천황이 재위했었다. 천황의 이름과 재위기간을 보면 다음의 표와 같다.

메이지 천황의 생일은 11월 3일로 재위 중에는 국가적인 축일로서 '천장절(天長節)'이라 불리었다. 11월 3일의 '천장절'은 1912년 메이지 천황 사후에 '메이지절(明治節)'로 그 명칭이 바뀌었고 패전 후에는 다시 '문화의 날'로 명칭을 변경하여 오늘까지 이어지고 있다. 최근에는 '메이지유신

근대일본 3명의 천황

연호	이름	재위기간	생몰연대(향년)
제122대 메이지(明治)	무쓰히토(睦仁)	1867~1912(46년)	1852~1912(61)
제123대 다이쇼(大正)	요시히토(嘉仁)	1912~1926(15년)	1879~1926(48)
제124대 쇼와(昭和)	히로히토(裕仁)	1926~1989(64년)	1901~1989(89)

150년'을 맞이하여 '문화의 날'이라는 명칭은 시간이 지나면서 11월 3일이 메이지 천황의 생일이라는 것을 망각할 수 있다는 이유로 '메이지의 날'로 명칭을 변경해야 한다는 운동이 전개되고 있다.

메이지 천황은 사후 교토(京都) 후시미(伏見)의 모모야마릉(桃山陵)에 묻혔지만 이내 신이 되어 도쿄(東京) 도심에 메이지신궁이 세워졌다. 메이지 천황의 능묘를 교토로 지정한 것은 천황의 유언에 따른 것이었다.

정부가 메이지 천황의 능묘를 교토로 결정한 것을 발표했을 때 가장 낙담한 것은 메이지 천황이 사후에도 도쿄에 남기를 원했던 도쿄시 관계자들이었다. 여기서 메이지 천황의 빈자리를 메우기 위한 대안이 나왔다. 당대 최고의 실업가 시부사와 에이이치(渋沢栄一)를 비롯하여 도쿄상업회의소가 중심이 되어 '메이지신궁'을 설립하기로 한 것이다.

1915년 도쿄 도심에 위치한 시부야구(渋谷区) 요요기(代

々木)에 메이지신궁을 창건할 것이 발표되었고 1920년 11월 메이지 천황과 쇼켄 황태후(昭憲皇太后)의 진좌제(鎭坐祭)가 거행되었다. 메이지신궁의 약 73헥타르(약 22만 평)에 이르는 광대한 부지에는 365종의 약 12만 그루의 나무가 전국 각지와 식민지 조선과 타이완에서 헌목되었다. 여기에 1만 명이 넘는 전국 청년단의 자발적인 근로 봉사에 의해 숲이 계획적으로 조성되었다. 메이지신궁은 오늘날도 매년 정월 첫 참배에는 일본에서 가장 많은 참배객으로 인산인해를 이룬다.

메이지신궁의 동쪽에 위치한 메이지신궁외원은 '메이지 천황의 업적을 후세에 길이 남기자'는 취지로 1919년에 착공하여 1926년에 완성된 광대한 서양식 정원이다. 메이지신궁을 '신궁내원(神宮內苑)', 메이지신궁외원을 '신궁외원(神宮外苑)'이라고도 한다. '신궁외원'에 위치한 메이지성덕기념회화관(明治聖德記念繪畫館)은 철근콘크리트의 2층 건물로 면적은 약 4,700제곱미터이며 2011년 중요문화재로 지정되었다. 건물 안에는 당대 일류 화가들이 역사적인 사실에 의거해서 메이지 천황과 황후의 사적을 묘사한 80점의 그림을 연대순으로 상설전시하고 있다.

그림은 가로 약 2.7미터, 세로 약 2.1~2.5미터의 크기로 왕정복고·메이지헌법 발포·교육칙어 하사·청일전쟁 그리고 메이지 천황이 야스쿠니신사에 참배할 때의 모습을 담은 그림 등 일본근대사의 교과서에 실린 눈에 익은 그림도 다수 전시되어 있다.

메이지 천황을 다룬 저서들

메이지 천황 사후 두 가지 영문저서가 출간되었다. 한 권은 *The Late Emperor of Japan as a Monarch*(1913)이며 또 한 권은 *Mikado*(1915)다. 전자는 중의원 의원이자 영문통신사를 경영하던 모치즈키 고타로(望月小太郎)가 메이지 천황 사망에 관한 전 세계의 신문 잡지 기사를 엮은 것으로 같은 해 『세계 속의 메이지 천황』(전 2권)으로 번역 출판되었다.

후자는 메이지시대를 일본에서 보낸 미국인 목사 윌리엄 그리피스(William E. Griffis)의 저작이다. 일본에서는 이 책이 세상에 나온 지 세월이 훨씬 지난 1972년 『미카도 – 일본의 내적인 힘』이라는 제목으로 번역 출판되었다. 'Mikado'란 '御門'의 훈독으로 천황·천자를 의미한다. 그리피스는 궁중에서의 신임도 두터웠고 천황을 배알한 경험을 바탕으로 자신의 눈에 비친 메이지시대의 일본과 메이지 천황의 인상을 서술한 일본 애호가이자 메이지 천황 찬양자였다.

전후 가장 일찍 출간된 메이지 천황의 전기로는 와타나베 이쿠지로(渡辺幾治郎)의『메이지 천황』(전 2권, 1958)이 대표적이다. 이 책은 저자가 20년간 궁내성에 근무하면서『메이지 천황기』편찬에 종사한 만큼 일반인이 볼 수 없는 갖가지 사료를 열람하여 정리했기 때문에 나름대로 자료적인 가치는 인정할 수 있다. 그러나 메이지 천황에 대한 절대적인 숭경심을 가지고 경어와 찬사가 지나쳐 신뢰성을 떨어뜨리고 있다. 이밖에도 기무라 기(木村毅)의『메이지 천황』(1956)과 쓰쿠바 조지(筑波常治)의『메이지 천황』(1967) 등도 모두 메이지 천황은 위대한 군주라는 신념을 바탕으로 쓴 책들로 내용은 거의 대동소이하다.

　한편 아스카이 마사미치(飛鳥井雅道)가 쓴『메이지 대제』(1989)는 천황제를 비판하는 입장의 저자가 결론적으로는 메이지 천황을 역시 '대제'라 부르지 않을 수 없다는 것을 인정하고 있어 주목을 모은 책이다. 이 밖에도 비교적 최근의 저작으로는 야스다 히로시(安田浩)의『천황의 정치사』(1998), 이토 유키오(伊藤之雄)의『메이지 천황』(2006), 가사하라 히데히코(笠原英彦)의『메이지 천황-고뇌하는 이상적 군주』(2006) 등이 있다. 하지만 주로 정치적 측면을 중심으로 서술하고 있어 메이지 천황의 개성이나 인물상을 확인하기에는 다소 부족하다는 느낌을 준다.

마지막으로 주목되는 메이지 천황의 전기 작품은 컬럼비아대학 명예교수로 일본문학과 문화를 전공하는 도널드 킨 (Donald Keene)의 『메이지 천황』(2001)이다. 상하 2권으로 총 1,200쪽이 넘는 이 책에서 저자는 메이지시대 일본이 세계 열강으로 도약하는 모습을 생애를 통해 지켜본 메이지 천황을 묘사하는 데 중점을 두고 있다.

도널드 킨의 또 다른 작품 『메이지 천황을 이야기한다』(2003)는 위 저작의 내용을 축약하여 알기 쉽게 풀어 쓴 다이제스트 판이라고 할 수 있다. 특히 여기서는 메이지 천황은 "과연 어떤 지도자였을까?" "어떤 생활을 했으며 어떤 목소리로 말했을까?"라는 의문을 가지고 메이지 천황의 '인물상'에 접근하고 있다.

이상의 책들을 읽어보면 하나같이 메이지 천황이 얼마나 훌륭한 위인이었는가를 강조하고 있어, 읽으면 읽을수록 신빙성이 떨어지고 가물가물하던 메이지 천황의 이미지가 더욱 희미해지는 느낌을 준다. 대부분이 위대한 군주로서의 메이지 천황이라는 것을 커다란 전제로 하고 있기 때문에 메이지 천황의 실상이 좀처럼 보이지 않는 것이다.

과연 메이지 천황은 일본인들이 기억하는 '영광의 시대'를 이끌었던 '위대한 군주'였을까? 일본인들이 신으로 기억하는 메이지 천황은 근대 일본의 국가 건설에 어떤 역할을 했을까? 메이지 천황의 '허상'을 벗겨내고 '실상'을 추구하기 위해서는 무엇보다도 메이지 천황이 살았던 시대적인 배경에 대한 이해가 선행되어야 한다. 이제부터 그 역사의 무대 속으로 들어가보기로 하자.

제2장 메이지유신의 시대적 배경

고메이(孝明) 천황

제121대 고메이 천황은 1831년 닌코(仁孝) 천황의 네 번째 황자로 탄생했다. 원래 네 번째 황자는 천황이 될 순번이 아니다. 그러나 고메이 천황이 태어났을 때 3명의 이복형들은 이미 세상 사람이 아니었다. 좀 더 거슬러 올라가면 그의 할아버지에 해당하는 고가쿠(光格) 천황도 천황이 될 순번이 아닌데 제118대 고모모조노(後桃園) 천황에서 대가 끊기는 바람에 천황이 되었다. 그 계보를 보면 다음과 같다.

고모모조노의 아버지인 제116대 모모조노(桃園) 천황은 6세의 어린 나이에 즉위하여 21세가 되는 젊은 나이에 사망했다. 당시 모모조노 천황의 제1황자는 아직 4세의 어린 나이였기 때문에 모모조노 천황의 이복누이가 22세의 나이에 제117대 고사쿠라마치(後桜町) 천황으로 즉위했다. 고사쿠라마치 천황은 일본 역대 천황 가운데 현재까지는 가장 마지막 여성 천황이 된다. 황실의 대가 끊기는 것을 막기 위해 일종의 중간 계투를 한 셈이다.

고사쿠라마치 천황은 조카가 13세가 되는 해에 황위를 물려주고 상황(上皇)이 되었다. 그러나 황위를 물려받은 제

118대의 고모모조노(後桃園) 천황이 황자를 얻지 못한 채 21세의 나이에 죽으면서 간신히 이어오던 천황의 대가 끊길 위기에 처하게 되었다. 결국 고사쿠라마치 상황은 측근들과 상의한 끝에 황족의 계보를 다시 거슬러 올라가 제113대 히가시야마(東山) 천황의 후손에서 데려와 황위에 앉힌 것이 제119대 고가쿠 천황이며 그 손자가 고메이 천황, 증손자가 메이지 천황이 된다.

　고메이 천황은 드물게 개성이 강한 천황이었다. 그가 1846년 제121대 천황으로 즉위하여 1866년 사망할 때까지 20년간의 재위기간은 대외적인 위기에 직면하여 쇄국과 개국을 둘러싼 분란이 끊이지 않던 정치적인 격동기였다. 이러한 시대상황에서 고메이 천황은 서구 열강의 접근에 대하여 초지일관으로 쇄국을 고집한 극단적인 양이(攘夷)주의자였다.

　정치와는 동떨어진 환경과 예능을 주로 하는 전통적인 분위기 속에서 자란 고메이 천황은 해외 정세에 관해서는 무지에 가까웠다. 게다가 천황은 일본을 신국(神国)로 인식하는 강한 신념을 가지고 있었다. 어떤 일이 있어도 서양의 오랑캐가 신성한 이 땅을 더럽히게 해서는 안 되며 그것을 지키는 것이 황실의 조상신에 대한 자신의 책무라고 믿고 있었다. 결국 고메이 천황의 극단적인 양이주의는 막말(幕末)

유신기의 정치적 격동에 결정적인 도화선이 되었다.

메이지 천황은 바로 이러한 격동이 시작되는 시점에 태어났다. 격동기에 태어난 메이지 천황이 유아기에 어떤 환경에서 성장했는지를 알기 이해하기 위해서는 먼저 이러한 시대 상황부터 이해할 필요가 있다. 먼저 고메이 천황의 쇄국 고집과 막부의 개국 방침이라는 상충되는 정치적 역관계가 어떻게 전개되었는지, 그리고 어떤 결말을 가져왔는지, 그 경과를 간단하게 살펴보기로 하자.

'양이(攘夷)'를 고집하는 고메이 천황

19세기에 들어와 서구 열강들이 빈번하게 출몰하면서 대외적 위기가 심화되고 있었다. 그런 와중에 1840년 중국에서 일어난 아편전쟁은 막부 지배층의 위기감을 한층 고조시켰다. 에도 막부는 개설 당초부터 쇄국을 국시로 삼았으며, 막부의 최고 통치권자인 장군의 정식 명칭은 '정이대장군'이었다. '정이(征夷)'란 오랑캐를 정벌한다는 의미로 서양 오랑캐의 접근을 물리치는 것, 곧 쇄국을 지키는 것이 장군의 책무를 다하는 일이었다.

그러나 아편전쟁에서 중국 청나라가 영국의 압도적인 군

사력에 굴복했다는 정보는 막부의 지배층을 경악시켰다. 지배층의 불안은 이윽고 1853년 7월 8일 미국의 동인도함대사령장관 페리(Matthew C. Perry)가 4척의 군함을 이끌고 에도(江戶) 앞바다에 나타나면서 현실이 되었다. 페리는 일본의 개국을 요구하는 미국 필모어(Millad Fillmore) 대통령의 국서를 막부에 전달하고 1년의 유예기간을 주면서 이듬해 다시 온다고 위협하고 돌아갔다.

이제까지 모든 정치를 독단으로 결정해오던 막부도 유사 이래 최대의 대외적 위기에 직면하여 조정에 상황을 보고하고 전국의 다이묘와 하타모토(旗本: 막부의 직속무사), 일반 서민에 이르기까지 외교에 관한 의견을 모았지만 뾰족한 대책이 없었다. 더구나 당시 제12대 장군 도쿠가와 이에요시(德川家慶)는 병상에 있어 국가의 중대사에 결정을 내릴 수 있는 상황이 아니었다. 페리가 돌아간 열흘 후 장군이 사망하고 뒤를 이은 제13대 장군 도쿠가와 이에사다(德川家定)도 병약하여 국정을 담당할 수 있는 인물이 아니었다.

1년의 유예를 주었던 페리는 장군 사망의 정보를 접하고 막부의 허를 찌르기 위해 반년 만인 이듬해 2월에 6척의 군함을 이끌고 다시 내항했다. 이어서 3월에는 3척의 군함이 추가로 도착하면서 대규모의 함대가 에도만을 메웠다. 결국 군사적인 무력을 앞세운 페리의 위협에 굴복한 막부는 미국과 화친조약을 맺으면서 200년 동안 유지해오던 쇄국정책에 종지부를 찍었다.

한편 고메이 천황은 이세신궁(伊勢神宮)을 비롯하여 유서 깊은 신사와 사원에 서양 오랑캐를 물리치기 위한 기도를 주문하고 자신도 궁중에서 아침마다 예배를 올려 기원했다. 개국을 결사적으로 반대하는 고메이 천황의 '양이' 기원은 천황을 받들어 오랑캐를 물리치자는 존왕양이(尊王攘夷)운동에 명분을 주고 개국은 불가피하다는 입장의 막부를 공격하는 구실이 되었다. 존왕양이파에게 막부의 '개국' 방침은 오랑캐에 대한 굴복이었으며 '정이대장군'이 제 역할을 못하는 것으로 비치었다. 그러나 정작 천황 자신은 '양이'를 고집하면서도 막부를 신뢰하고 있었다.

존왕양이파는 1860년대에 들어와 '존왕양이'에서 천황을 받들어 막부를 무너뜨린다는 의미의 '존왕토막(尊王討幕)'으로 방향을 전환하게 되지만 고메이 천황은 일관해서 막부(武)에 대하여 신뢰를 품고 조정(公)과 협력해서 난국을 돌파해야 한다는 공무합체론(公武合體論)의 입장에 있었다.

'양이'를 고집하는 천황과 개국이 불가피한 막부, 천황의 권위를 등에 업고 막부를 타도하려는 존왕토막파 그리고 막부 타도에 반대하는 천황의 입장이 복잡하게 얽혀 막말기의 정국은 더욱 혼란스럽게 전개되고 있었다.

고메이 천황의 격노

고메이 천황은 막부에 대하여 절대적인 신뢰를 보였지만 막부의 개국 방침 사이에 틈이 벌어지고 있었다. 막부는 장군의 전권을 위임받은 다이로(大老) 이이 나오스케(井伊直弼)가 1858년 6월 19일 천황의 칙허를 얻지 않고 미일수호통상조약에 조인했으며 반대파와 존왕양이파를 일거에 탄압하는 안세이 대옥(安政大獄)의 대숙청을 단행했다. 천황의 칙허 없이 조약을 체결한 것에 대하여 격노한 고메이 천황은 양위하겠다는 칙서를 내리는데 여기에는 양이를 고집하는 그의 개성이 잘 드러나고 있다.

(미국이) 겉으로는 친목의 정을 보이지만 틈만 보이면 일본을 병탄하려는 야심이 빤히 보인다. 만일 이를 거절한다면 전쟁이 벌어질 것은 정한 이치다. 태평세월이 오래 계속되었다고는 하지만 무사라는 자들이 정이(征夷)의 책무를 다하지 못한다는 것은 참으로 개탄할 일이다. 이제까지 정무는 일체 막부에 맡기고 자신의 의견을 표하는 일은 극력 삼가왔다. 그러나 바야흐로 사태는 예사롭지 않은 지경에 이르고 말았다. 이대로 내가 황위에 앉아서 세상을 다스리는 것은 미력이 미치지 못하는 일로 생각할 수도 없는 일이다. 따라서 이에 제위를 양위

할 것을 결심했다.

이 칙서를 시작으로 계속되는 고메이 천황의 일련의 서한은 그의 강렬한 개성을 적나라하게 보여주고 있다. 서한은 일관해서 양이를 관철해야 한다는 신념으로 점철되어 있으며 자신의 뜻에 따르지 않는 현실에 대한 고뇌와 분노·절망이 여과 없이 표출되고 있었다.

천황의 양위 표명에 경악한 조정의 구게(公家: 조정의 귀족 집단)들은 칙서를 막부에 전달하지 않고 시간을 끌면서 천황을 달래고 있었다. 그사이에 막부는 네덜란드·러시아·영국·프랑스와도 통상조약에 조인했다(안세이 5개국조약). 고메이 천황은 이러한 사태에 격분하여 또다시 막부를 힐문하고 양위하겠다는 취지의 칙서를 내리지만 그사이에 제13대 장군 이에사다(家定)의 사망이 조정에 보고되었다.

막부는 장군의 죽음을 한 달 동안 감추고 있다가 천황이 양위의 뜻을 내비칠 때 이를 보고한 것이다. 이로 인하여 천황은 '양위'를 단념하지 않을 수 없었지만 '양이'는 포기하지 않았다.

천황 권위의 이용

1862년 11월 27일 천황의 칙사 산조 사네토미(三条実美)가 고메이 천황이 장군에게 보내는 칙서를 가지고 에도성에 입성했다. 칙서의 내용은 여전히 쇄국을 고집하고 있었다.

막부는 양이의 방책을 결정해서 조속히 제 다이묘에게 알려라. 또한 중지(衆智)를 모아 올바른 정책을 정하고 추악한 오랑캐를 거절하라.

그러나 중요한 것은 칙서의 내용이 아니라 칙서의 전달 방식이었다. 장군이 상단에 앉고 칙사가 하단에서 전달하던 종래의 방식을 바꾸어, 칙사가 상단에 앉고 장군이 상단으로 나아가 칙서를 받는 형식을 채택한 것이다. 이듬해 3월에는 지난 200년간 두절되었던 장군의 상경으로 천황의 위세는 절정에 달했다. 장군이 상경한 배경에는 막부가 조정에 대한 존숭의 성의를 보임으로써 여러 다이묘의 뜻을 모아 공무합체의 내실을 다지려는 의도가 있었다.

한편 천황의 권위가 상승하면서 존왕양이운동을 주창하는 과격파들의 기세 또한 최고조에 달했다. 이들은 존왕양이를 명분으로 대로를 활보하면서 막부의 개국에 동조하는 자들에 대하여 닥치는 대로 테러를 일삼아 한 해에 70건이 넘는 살인·방화·협박사건이 발생했다. 과격파의 테러와 협박은 천황과 조정의 이름으로 자행되고 있었지만 그것은 전혀 천황의 뜻하는 바가 아니었다.

교토의 거리를 과격파들이 활보하는 가운데 제14대 장군 이에모치는 3월 4일 3,000여 명의 신하들을 이끌고 상경하여 니조성(二条城)으로 입성했다. 이후 장군은 3월 7일 입궐하여 천황과 환담을 나누었으며 여기서도 천황은 장군에게 양이 실행을 거듭 당부하고 있었다.

3월 11일에는 천황이 양이 기원을 위해 생애 처음으로 가모신사(賀茂神社)하에 행차할 때 조정의 구게를 비롯하여 장군 이에모치와 다이묘들이 이를 수행했다. 때마침 비가 내리는 가운데 천황의 마차가 장군의 행렬 앞을 지날 때 장군은 말에서 내려 우산을 버리고 무릎을 꿇었다. 교토의 백성들이 천황의 행차를 보려고 가모신사로 가는 거리를 가득 메운 가운데 일어난 해프닝이었다.

그러나 사실 가모신사와 하치만궁으로의 행차는 천황이 원한 것이 아니었다. 고메이 천황이 4월 황족 나카가와노미야(中川宮)에게 보낸 편지에 따르면 이번의 행차는 몸 상태가 좋지 않았는데도 산조 사네토미(三条実美) 등에게 무리하게 떠밀려서 간 것이라고 고백하고 있다. 또한 같은 해 8월 18일 정변 직후의 서한에서도 "겉으로는 조정의 권위를 세운다는 따위로 말하지만 진실은 짐의 뜻에 맞지 않고 실로 아래로부터 나온 예려(叡慮)일 뿐"이라고 하여 자신의 진의와는 다른 칙서가 나돌고 있는 현상을 개탄한 것은 잘 알려진 사실이다. 존왕양이파 구게들은 천황의 권위를 이용하면서 노골적으로 천황의 의지를 무시하고 있었던 것이다.

'8·18 정변'과 '금문의 변'

1863년 8월 고메이 천황은 양이 기원을 위해 제1대 진무(神武) 천황릉과 가스카신사(春日神社)로 행차한 직후 이세신궁으로 참배한다는 이른바 '야마토(大和) 행차' 계획을 공포했다. 그러나 '야마토 행차'도 실은 천황의 의사가 아니라 조정의 존왕양이파 구게들이 '양이'를 대의명분으로 일거에 막부를 타도하려는 계획의 일환이었다.

이를 알아차린 조정 내의 공무합체파는 막부에 우호적인 사쓰마번(薩摩藩), 아이즈번(会津藩) 등과 논의하여 천황의 '야마토 행차'를 중지시키고 존왕양이파 구게들을 조정에서 배척하는 8·18 정변을 일으켰다. 이 정변으로 존왕양이 운동을 주도하는 조슈번과 협력해오던 산조 사네토미, 히가시쿠제 미치토미(東久世通禧) 등 7명의 존왕양이파 구게가 조슈번(長州藩)으로 낙향하고 공무합체파 구게가 조정의 실권을 장악했다.

1864년 7월에는 조슈번과 도사번(土佐藩)의 존왕양이파 지사들이 교토의 여관 이케다야(池田屋)에서 막부 고관의 암살 등을 모의하다가 막부의 치안조직 신센구미(新選組)의 습격을 받고 궤멸당하는 이케다야 사건이 발생했다. 8·18 정변 이후 실추한 세력의 회복을 기도하던 조슈번의 급진파는 이케다야 사건을 계기로 교토에서 거병했지만 사쓰마번과 아이즈번을 비롯한 막부 측과 교전한 끝에 무참하게 패퇴하는 '금문의 변(禁門の変)'이 발생했다.

교토에서 재차 패퇴한 조슈번은 반년 후 영국·미국·프랑스·네덜란드에 의한 4개국 연합함대의 시모노세키 공격을 받고 4개국의 요구를 받아들이지 않을 수 없게 되었다. 엎친데 덮친 격으로 막부가 '금문의 변'으로 교토를 혼란스럽게 한 죄를 물어 조슈번을 '조적(朝敵)'으로 간주하고 제1차 조슈정벌을 단행했다.

삿초동맹과 장군의 죽음

'8·18 정변'과 '금문의 변'에서 패퇴한 조슈번에서 볼 때 사쓰마번은 철천지원수였다. 사쓰마는 공무합체의 입장에서 막부의 개국노선을 지지하는 입장에 있었던 반면 조슈번은 급진적인 양이론을 내세워 막부를 선두에서 공격하는 입장이었다.

한편 사쓰마번에도 오쿠보 도시미치(大久保利通), 사이고 다카모리 등을 중심으로 막부에 대한 강경론이 대두하고 있었다. 이들의 인식은 사쓰마와 조슈가 손을 잡을 여지를 가지고 있었다. 여기에 도사번 출신의 사카모토 료마(坂本竜馬)와 나카오카 신타로(中岡慎太郎)의 알선으로 1866년 1월 사쓰마의 사이고와 조슈의 기도 다카요시(木戸孝允)가 '삿초동맹'을 맺었다.

동맹의 주된 내용은 막부의 조슈번 처분 문제에 관하여 조슈번의 상황이 악화되면 사쓰마가 조슈를 지원한다는 것이었다. 이 밀약에 의해 사쓰마는 1866년 6월 막부에 의한 제2차 조슈정벌에 출병을 거부하여 양자의 연대가 더욱 심화되었다.

막부의 조슈정벌은 전초전부터 막부의 패배였다. 제대로 된 전투도 치르지 못하고 있는 사이에 오사카에서 중태에 빠져 있던 장군 이에모치가 향년 20세로 7월 20일 사망했다. 이에모치의 죽음은 고메이 천황에게 커다란 충격이었다. 고메이는 젊은 이에모치와 함께 공무합체의 이상을 실현할 수 있다는 기대를 하고 있었기 때문이다.

장군의 사망으로 정벌군의 지휘를 승계 받은 히토쓰바시 요시노부(一橋慶喜)는 조슈번과의 휴전을 천황에게 상주하여 전쟁은 흐지부지 끝을 맺었다. 요시노부는 이에모치의 장군직을 계승하여 에도 막부의 마지막 장군이 되었다.

고메이 천황의 죽음

1866년 이에모치 장군이 사망하고 제2차 조슈정벌이 실패로 끝난 단계에서 대세는 공무합체파가 약화되고 '존왕토막(尊王討幕)'의 연장선상에서 왕정복고를 추진하는 세력들이 주도권을 잡기 시작하고 있었다. 그럼에도 고메이 천황은 여전히 막부를 신뢰하고 있었다. 고메이 천황의 이러한 입장은 천황을 받들어 막부를 타도하려는 토막파에게 걸림돌이 될 수밖에 없었다. 천황에 대한 비판적인 목소리도 표면적으로 분출되기 시작했다.

삿초동맹 직후 제2차 조슈정벌의 칙명이 내려졌을 때 오쿠보 도시미치는 사이고 다카모리에게 보낸 편지에서 "대의명분이 없는 칙명은 칙명이 아니다"라고 단언하고 있으며, 이와쿠라 도모미는 "국내 분열과 대립의 근간에 천황이 있다"고 하면서 천황이 직접 천하에 사죄하여 신뢰회복을 다하고 정치를 쇄신하여 조정의 구심력을 회복해야 한다고 주장했다.

이들은 천황의 권위를 등에 업고 막부 타도를 획책하고 있었지만 고메이 천황은 여전히 양이의 고집을 버리지 않고 막부에 대한 기대를 품고 있었다. 결국 12월 5일 고메이 천황이 도쿠가와 요시노부(德川慶喜)를 제15대 정이대장군으로 임명한 것은 자신의 치세 중 마지막 업무가 되고 말았다.

12월 10일을 전후해서 감기 증세를 보이던 천황은 12일부터 고열을 보였고 13일이 되어도 병세는 호전되지 않았다. 15일에는 두 손에 반점이 나타나면서 발진이 돋았고 이틀 후에는 반점이 얼굴에까지 번졌다. 궁중의 시의들이 모두 모여 밤낮으로 면밀한 진찰을 거듭한 끝에 17일에는 천황의 병상이 천연두라는 사실이 발표되었다. 이후 천황을 진찰할 수 있는 자격을 가진 시의 15명이 교대로 근무하면서 치료한 결과 병세는 빠르게 호전되어 쾌차하기 시작한 것은 21일이었다. 천황의 회복을 기원하기 위해 17일간의 기도를 주문받은 승려에게 절로 돌아가는 것을 허락할 정도였다. 천황의 완쾌를 축하할 연회도 27일로 예정되어 있었다.

그러나 24일 천황은 갑자기 심한 구토와 설사를 하면서 얼굴에 보라색 반점이 나타나기 시작하더니 괴로워하면서 25일 숨을 거두었다. 메이지 천황을 낳은 고메이 천황의 측실 나카야마 요시코가 아버지 나카야마 다다야스(中山忠能)에게 보낸 편지에 "몸에 9개의 구멍에서 출혈. 실로 황송할 따름"이라는 내용이 있는 것으로 보아 천황이 상당한 고통 속에서 죽어갔다는 것을 짐작할 수 있다.

천황의 죽음은 당분간 비밀에 부쳐졌다. 천황의 '붕어'를 공포한 것은 나흘 후인 12월 29일이었다(이상의 일자는 모두 음력). 위기를 넘겼다고 여기는 순간 병이 예기치 않게 악화되어 죽었기 때문에 비소 중독이 아닌가 하는 소문이 나돌았다. 고메이 천황이 살아 있는 한 막부타도를 기도하는 왕정복고파에게 유신을 향한 과업은 불가능했기 때문이다. 소문은 집요하게 꼬리를 물고 오늘날까지 이어져 왔지만 의혹만 무성할 뿐 진상을 아는 사람은 아무도 없다.

끊임없이 제기되는 독살설의 의혹

고메이 천황은 평소부터 악성 치질로 고생했지만 그밖에

는 아주 건강한 편이었다. 나카야마 다다야스는 일기에 "최근 감기 따위는 전혀 걱정하지 않을 정도로 건강했기 때문에 두창이라는 당치도 않는 병명을 듣고 놀랄 뿐이다"라고 적고 있다. 평소 건강했던 천황이 36세의 나이로 급사한 것과 어린 아들이 15세의 나이에 즉위하고 조정에서 추방되었던 존왕양이파 구게들이 복권하게 된 경위 때문에 사망 당시부터 사인에 대한 의혹이 끊이지 않았다.

천황의 죽음에 대한 의혹은 당시 일본에 체재하고 있던 외국인의 귀에도 들어갔다. 영국인 외교관 어니스트 사토(Ernest M. Satow)는 고메이 천황의 죽음에 대하여 들은 이야기를 다음과 같이 전하고 있다.

어느 일본인이 나에게 확신한 바에 따르면 독살되었다고 한다. 이 천황은 외국인에 대하여 어떤 양보를 하는 것에 대해서도 단호하게 반대해왔다. 그 때문에 다가올 막부의 붕괴에 의해 좋든 싫든 조정이 서양 각국들과의 관계에 임해야 한다는 것을 예견한 일부 사람들에 의해 살해되었다는 것이다. 아마도 보수적인 천황으로서는 전쟁을 일으킬 분규 이외에는 아무것도 기대할 수 없었을 것이다. 중요한 인물의 사인을 독살로 치부하는 것은 동양에서는 극히 흔한 일이다. 전 장군이 사망했을 때도 히토쓰바시 요시노부 때문에 독살되었다는 설이 유포

되었다. …천황이 이제 겨우 15, 16세가 된 소년을 후계자로 남기고 정치 무대에서 모습을 감춘 것이 이러한 소문의 발생에 극히 도움이 된 것은 부정할 수 없을 것이다.

사토는 진상을 알고 적은 것이 아니라 소문을 옮겨 적었을 뿐이지만 나름대로 냉정하고 객관적인 입장에서 개인적인 견해를 남기고 있다.

이후 일본의 공식석상에서 고메이 천황의 독살설을 최초로 제기한 것은 의사학자(醫史學者) 사에키 리이치로(佐伯理一郎)였다. 그는 1940년 일본의사학회(日本醫史學會) 간사이(関西)지부대회 자리에서 "천황이 천연두를 앓게 된 것을 기화로 이와쿠라 도모미가 시녀로 있던 그의 여동생 호리가와 노리코(堀河紀子)를 조종하여 천황에게 독을 먹였다"는 취지의 논문을 발표했다. 당시는 천황에 대한 비판이 엄격하게 금기시되던 군국주의 시대였다는 점을 감안하면 상당히 용기 있는 사람이었다.

패전 후 천황에 대한 언론 탄압이 사라지고 학문적인 연구를 통해서 최초로 암살설을 제기한 것은 역사학자 네즈 마사시(禰津正志)였다. 네즈는 당시 시의(侍醫)들이 기록한 「어용태서(御容態書)」를 분석하여 천황이 순조롭게 회복하다가 갑자기 급변하여 죽은 점으로 볼 때 그 최초의 병상부터 비소에 의한 독살의 가능성이 있다고 추정했다. 또한 독살 방법에 대해서는 사에키와 마찬가지로 이와쿠라가 수모자(首謀者)이며 시녀 호리가와가 실행에 옮겼다고 주장했다.

1975년에는 고메이 천황을 실제로 치료했던 외과의 이라코 미쓰오사(伊良子光順)의 『배진일기(拜診日記)』가 시가현(滋賀県)에서 의사업을 하던 후손 이라코 미쓰다카(伊良子光孝)에 의해 「시가현 의사회보」에 연재되었다. 미쓰다카는 확실한 단정을 피하면서도 네즈와 같이 비소 중독사를 추정케 하는 코멘트를 해설문에 남기고 있다. 이후 1980년대부터 1990년대에는 역사학자 하라구치 기요시(原口清)에 의해 독살설을 부정하는 논문이 발표되고 이에 대하여 이시이 다카시(石井孝)가 반박하여 치열한 논쟁이 전개되었다.

고메이 천황의 암살이나 독살을 입증하는 유력한 자료는 지금까지 전혀 발견되지 않고 있다. 정황으로 볼 때 이와쿠라든 오쿠보든 왕정복고파에 의한 독살의 가능성을 부정하기 어렵다. 그러나 사료를 근거로 사실을 추구하는 역사학의 입장에서 볼 때 섣불리 독살이라고 단정하기 어려운 것이 현실이다. 도널드 킨이 지적했듯이 고메이 천황의 유체에 비소 중독의 흔적이 있는지를 검사해보지 않는 한 죽음의 진상은 해명되지 않을 것이다. 이것이 마지막 남은 유일한 입증 방법이겠지만 궁내청이 이것을 허용하는 일은 결코 없을 것이다.

권모술수의 화신

막부를 타도하고 새로운 정권 창출을 목표로 하는 토막파(討幕派) 지도자들은 일종의 권모술수의 화신이었다. 특히 1860년대 이후에는 명분과 실제상의 힘 관계가 복잡하게 얽히면서 권모술수가 소용돌이치고 있었다. 1863년의 8·18 정변을 전후해서는 고메이 천황의 존왕양이파에 대한 노골적인 혐오감에도 불구하고 존왕양이파의 의향에 따른 조칙이 나돌고 있었으며 어느 것이 천황의 진의에 의한 조칙인지 알 수 없는 상황이 전개되고 있었다.

이와 같이 권모술수가 횡행하는 가운데 과격파 지사와는 거리를 두고 막부타도를 획책하는 정치세력이 두각을 나타내게 된다. 이와쿠라 도모미를 비롯한 구게 그룹과 사이고 다카모리와 오쿠보 도시미치를 지도자로 하는 사쓰마 그리고 두 차례의 정벌을 극복한 조슈의 기도 다카요시 등이 연대한 정치 세력은 이윽고 막부를 타도하고 유신정권을 탄생시키는 주역이 되었다.

이들은 존왕양이를 부르짖으면서 테러를 일삼는 과격파

지사와는 확연하게 구분되는 그룹이었다. 이와쿠라는 "지금 형세는 춘추전국 시대와 같다. 권모술수를 이용하여 대사를 이루는 것 또한 이상하지 않다"고 노골적으로 자신의 속내를 드러내고 있었다. 그는 표면상으로는 정정당당한 논리를 주장하더라도 그 속에 필승의 계략이 숨어 있지 않으면 도저히 성공할 수 없다고까지 말하는, 그야말로 "왕정복고의 음모성을 한 몸에 체현한 책사"였다.

그런 점에서 수구적인 정치의식을 가지고 격렬하게 '양이'로 일관했던 고메이 천황이 36세의 나이에 의혹의 죽음을 맞이하고 16세의 무쓰히토가 천황으로 즉위한 것은 그만큼 토막파에게는 천황의 의사를 훨씬 자유롭게 조작할 수 있게 된 것을 의미하며 그 자체가 메이지유신이라는 정치변혁에 하나의 커다란 전제가 되었다.

오늘날 메이지유신이라고 일컫는 '왕정복고'는 실로 정치적 격동기의 권모술수를 바탕으로 성립된 것이었다. 이러한 권모술수의 와중에서 이제 16세의 나이로 즉위한 메이지 천황은 어떤 생각을 가지고 어떤 자세로 이 요동치는 세상에 대응해갔을까. 메이지 천황의 탄생으로 거슬러 올라가 살펴보기로 하자.

제3장 메이지 천황의 탄생과 메이지유신

황실의 높은 영아 사망률

메이지 천황과 다이쇼 천황은 모두 측실의 자식으로 태어나 황위를 계승했다. 실제로 제115대 사쿠라마치 천황(재위 1735~1747)부터 제123대 다이쇼 천황까지 9대에 걸쳐 황위에 즉위한 것은 모두 황후의 자식이 아니었다. 1926년에 즉위한 제124대 쇼와(昭和) 천황은 실로 200년 만에 황후가 낳은 자식이었다.

200년간 9대에 걸쳐 측실의 자식이 천황이 된 것은 단지 황후가 황자를 낳지 못했기 때문만은 아니었다. 당시 황실의 영아 사망률은 이례적으로 일반인보다 높았다. 갓 태어난 아이가 며칠도 지나지 않아 죽거나 다행히 첫돌을 지내고도 세 살을 넘기지 못하고 죽는 경우가 허다했다. 제121대 닌코 천황은 47세에 사망할 때까지 15명의 아이를 가졌지만 12명이 세 살이 되기 전에 사망했다. 성인으로 성장한 것은 네 번째 황자 고메이 천황과 누이동생 가즈노미야(和宮)뿐이었다.

36세에 죽은 고메이 천황이 얻은 6명의 자녀 가운데 아버지보다 오래 산 사람은 메이지 천황뿐이었다. 고메이 천황의 황후는 황녀를 출산했지만 세 살에 사망했으며 같은 해 측실이 황자를 낳았지만 출산과 동시에 모자가 사망했다. 메이지 천황의 경우에도 5명의 측실 사이에서 낳은 15명의 자녀 중에서 성인이 된 것은 다섯 명뿐이었다. 이렇게 높은 영아 사망률에 대비해서라도 가능하면 많은 측실을 둘 필요가 있었던 것이다.

그런 점에서 당시 황실에서 황자의 탄생은 경사스러운 일이자 동시에 불안과 근심의 시작이었다. 무엇보다도 무사히 성장하는 것이 관건이었으며 당시의 지식으로 총력을 기울여야 했다. 메이지 천황이 첫돌을 넘기지 못하고 구토와 열을 동반하는 중병을 앓고 있을 때 생모가 졸도했다는 『메이지 천황기』의 기록은 결코 과장이 아닐 것이다.

궁중에서의 영아 사망률이 당시 일반 농가보다 훨씬 높았던 이유에 대해서는 여러 가지 설이 있다. 가령 당시 황위 계승자는 보통 16세가 되기 전에 결혼하기 때문에 신부도 그 이하의 12~13세가 대부분이라는 극단적인 조혼의 관습, 위생적으로 정비되지 않은 궁중 의술의 후진성 등이 지적되고 있지만 정확한 근거는 없다.

다만 후일 다이쇼 천황의 주치의가 되는 독일인 의사 베르츠가 남긴 일기에 "메이지시대 황실의 시의들은 여전히 구태의연한 의술에 의지하여 서양의 근대적인 의술에 대해서는 비판적이었다"고 하는 것을 보면 궁중 의술이 낙후했던 것은 사실일 것이다.

황자 탄생

메이지 천황은 1852년 9월 22일(양력 11월 3일) 오후 1시경 출생했다. 아버지는 제121대 고메이 천황이며 어머니는 측실 나카야마 요시코(中山慶子), 출생 장소는 요시코의 친정인 권대납언(權大納言: 조정의 차관급 직책) 나카야마 다다야스의 저택이었다.

일본의 민속종교인 신도(神道)에서는 여성의 출산은 건물을 더럽힌다는 믿음이 있었기 때문에 궁중을 청정한 공간으로 유지하기 위해 천황의 자식은 생모의 친정집 별채에서 낳는 것이 황실의 관습이었다.

당시 고메이 천황은 22세로 이미 그 전에 제1황자를 얻었지만 태어난 당일 사망했기 때문에 제2황자의 탄생은 그만큼 천황에게 커다란 기쁨이었을 것이다. 점심 식사 중에 길보를 들은 천황은 얼굴에 희색이 만연하여 술잔을 기울였다고 한다.

출생 7일째 황자에게 사치노미야(祐宮)라는 아명이 주어졌다. 그러나 황실의 관습에 따라 부자가 첫 대면하는 것은 1개월 후의 일이었다. 이때 사치노미야는 아버지 곁에 1주일 정도 머물고 다시 돌아와 다섯 살까지 어머니와 함께 외가에서 생활하게 된다. 일본의 황실에서는 황자가 탄생하면 외가에서 양육하는 관습이 있었다.

유아기 사치노미야는 병약해서 열을 내거나 설사를 하는 일이 잦았고 이는 조정에서 불안의 씨가 되었다. 두 살 때에는 감기에 걸린 것이 원인이 되어 80여 일이나 사경을 헤맸다고 한다. 후일 측근들의 회고록 등에 따르면 유아기의 메이지 천황은 건강하고 개구쟁이였다는 증언도 있지만 이는 메이지 천황의 강한 모습을 강조하기 위해 만들어진 창작에 지나지 않을 것이다.

사치노미야가 태어난 이듬해 페리 내항으로 막부 말기의 정국이 소용돌이치기 시작했다. 교토의 궁중은 아직까지 외풍의 영향을 받지 않는 평온한 분위기 속에 있었지만 그 평온도 그리 오래가지는 못했다.

여성적인 공간으로서의 궁중

사치노미야는 다섯 살이 되는 1856년 외가에서 궁성으로 거처를 옮겼다. 만 8세가 되는 1860년에 정식으로 '친왕'의 칭호를 내리고 '무쓰히토(睦仁)'로 이름 지었다. 이때부터 본격적인 제왕학 학습을 위해 황족 아리스가와노미야 다카히토(有栖川宮幟仁) 친왕이 습자 사범으로, 유학자 후세하라 노부하루(伏原宣明)가 독서 사범으로 임명되었다. 최초의 독서는 『효경(孝經)』이었다. 안세이대옥에 대한 보복으로 이이 나오스케가 암살당하는 '사쿠라다몬가이(桜田門外)의 변'이 발생하여 정국이 피바람의 혼란 속으로 곤두박질칠 때의 일이었다.

그러나 교토의 궁중은 중세 이래 시간이 정지된 세계였다. 전통을 지키고 고전적 교양의 세계에 몰입하는 것이 궁중에서 사는 사람들의 유일한 삶의 보람이었으며 무용을 숭상하는 남성적인 세계와는 완전히 동떨어진 곳이었다. 더구나 궁중은 전통적으로 뇨칸(女官)으로 불리는 궁녀들이 독점

1860년 5월 6일. 사치노미야 만 8세 때에 머리를 자르는 의식을 하는 모습. 궁중에서의 여성적인 분위기를 잘 보여주고 있다(메이지 성덕기념회화관의 2번째 그림).

하는 여성적인 공간이기도 했다. 특히 천황과 황자가 기거하는 오오쿠(大奥)의 뇨칸은 욕구불만에 가득 찬 심술궂은 노처녀 집단으로 불릴 정도로 독점적이었다.

소년기의 무쓰히토는 이러한 뇨칸들의 틈바구니에서 얼굴에 화장을 하고 여성적인 분위기 속에서 성장하고 있었다. 1864년 궁전의 지척에서 '금문의 변'이 발생했을 때 13세 소년 무쓰히토는 시신(侍臣)들의 보호를 받으면서 안전한 장소로 피신하는 도중에 포성에 놀란 나머지 실신하고 말았다.

시신이 황급히 달려와 물을 먹이고 나서야 간신히 의식을 회복했다고 한다.

소년시절의 메이지 천황은 후세의 전기 작가들이 흔히 말하는 호걸형은 아니었다. 심지어 16세의 나이에 부왕이 요절하고 즉위할 당시에는 신경쇠약 증세로 고통스러워했다고도 한다. 소년시절의 메이지 천황이 연약한 성격이었던 것은 여성적인 환경에서 자란 탓도 있을 것이다. 메이지유신 이후 천황의 측근들이 가장 염두에 두고 있었던 사안은, 그에게서 이러한 여성성을 벗겨버리고 그를 남성적인 이미지로 탈바꿈하는 일이었다.

부왕의 죽음이 가져다준 교훈

고메이 천황은 20년간의 재위기를 통해서 자신의 성격이나 개성을 나타내는 문서를 다수 남기고 있다. 특히 개국에 반대하고 쇄국을 주장하는 노여움에 가득 찬 목소리의 서한이나 칙서는 그의 개성을 적나라하게 보여주고 있다.

그러나 메이지 천황이 남긴 어떤 칙어나 노래에도 고메이 천황과 같이 노골적인 자기 감정을 드러낸 문서는 없다. 물론 메이지 천황의 이름으로 발포한 조서나 칙서는 다수 남아 있지만 모두 주변의 측근들이 작성한 것이다. 강렬한 개성의 소유자였던 고메이 천황의 사망 원인에 대해서는 앞서 보았듯이 갖가지 의혹이 있었다.

외조부 다다야스는 사치노미야가 거처를 궁중으로 옮긴 후에도 종종 장래를 위한 충고를 하곤 했는데, 그 가운데 하나가 자기 주장에 지나치게 집착해서 조정 내부의 구게까지도 적으로 만들었던 망부의 전철을 밟아서는 안 된다는 가르침이었다.

소년기의 무쓰히토가 외조부의 충고를 어떻게 받아들였는지에 대해서도 아무런 기록이 남아 있지 않다. 다만 무쓰히토는 망부의 처세술을 넘어서려는 노력을 계속했을 것으로 추정할 수는 있다. 고메이 천황이 정말 독살당했는지는 영원한 수수께끼다.

그러나 그런 소문이 나돌 정도로 조정 내부에 적이 많았던 것은 사실이었다. 더구나 메이지 정부의 수뇌부는 고메이 천황의 의지에 반하여 막부를 타도하는 데 투신한 사람들이었고 이들 가운데 누군가가 고메이 천황을 독살했을 수도 있다. 그러한 아버지의 비극이 무쓰히토에게는 하나의 교훈이 되었을 수 있을 것이다.

황위계승과 즉위

1866년 12월 25일 고메이 천황이 사망하고 이듬해 1월 9일 무쓰히토는 황위에 오르는 것을 의미하는 천조(踐祚) 의식을 거행하여 천황이 되었다. 고메이 천황이 죽고 14일 동안이나 황위가 비어 있었다. 메이지 천황 사후 다이쇼 천황이 천조하기까지 불과 17분이 걸렸던 것에 비하면 당시 고메이 천황의 급사로 궁중이 얼마나 경황이 없었는지를 말해 주고 있다. 게다가 아직 성인식을 하기 전의 천조였기 때문에 입태자 의식을 거치지 않고 천황이 된 셈이었다.

천황의 즉위식도 천조부터 1년 반 이상이 지난 1868년 8월 27일에 거행되었다. 원호가 게이오(慶應)에서 메이지(明治)로 바뀐 것은 9월 8일이었다. '메이지'라는 원호는 중국 『역경』의 한 구절에서 가져온 '밝은 곳(明)을 향하여 다스린다(治)'는 의미였다. 즉위식과 함께 천황의 생일인 11월 3일을 국민의 축일로 정하고 천황 1대에 하나의 원호를 사용한다는 '일세일원제'가 결정되었다.

메이지 천황이 만 15세 나이에 황위를 계승한 것은 에도시대 후반의 사례로 보면 별반 특이한 것은 아니다. 더구나 에도 막부가 안정적인 지배를 유지할 때에는 비록 천황의 나이가 어려도 그다지 문제가 되지 않았다. 에도시대를 통하여 막부는 천황의 정치적 간섭이나 개입을 엄격하게 금지하고 있었으며, 정치는 막부가 전담하고 천황은 문학 방면을 업으로 하면서 제사장으로서의 기능으로 역할이 분담되어 있었다. 장군이 천황에게 정치적 사안을 상담할 의무도 없었고 결정할 일에 대하여 승낙을 얻을 필요도 없었다.

그러나 페리 내항이라는 미증유의 사태에 직면하여 막부가 천황과 조정의 의견을 자문한 것을 계기로 천황의 권위가 급격하게 부상하게 되고 그것이 존왕양이 운동을 격화하는 중요한 요인이 되었다. 그리고 무쓰히토가 천황으로 즉위한 1867년은 그야말로 메이지유신 전야로 천황의 권위가 국정을 좌우할 정도의 극에 달하고 있을 때였다.

이러한 중차대한 비상시국에 만 15세의 소년이 천황으로 즉위했다는 것은 그만큼 토막파 세력에 의해 정치적으로 이용될 수 있다는 것을 의미한다. 1867년 10월에 내려진 '토막의 밀칙' 그리고 12월 9일의 '왕정복고의 대호령'과 '소어소(小御所)회의'는 모두 천황의 권위를 이용한 정치적 음모나 다름없었다.

토막(討幕)의 밀칙과 왕정복고 쿠데타

1867년 10월 13일과 14일, 사쓰마번과 조슈번에 비밀리에 도쿠가와 요시노부 토벌의 밀칙이 내려졌다. 칙서에는 천황의 외조부 나카야마 다다야스·오기마치산조 사네나루(正親町三条実愛)·나카노미카도 쓰네유키(中御門経之) 등 구게의 서명이 있으며, 문서는 이와쿠라 도모미의 측근 다마마쓰 미사오(玉松操)가 기초한 것이었다. 밀칙의 내용은 요시노부가 "누대의 위세를 빌려 선제의 조칙을 그르치고 있다"는 명분을 앞세워 "짐의 뜻을 체현하여 적신(賊臣) 요시노부를 주륙하라"는 것이었다.

그러나 같은 시점인 10월 14일 도쿠가와 요시노부가 통치권을 조정에 반납하는 '대정봉환(大政奉還)'을 상주하여 '토막의 밀칙'은 명분을 잃게 되었다. 조정은 이튿날 '대정봉환'의 상서를 수리하고 10월 21일에는 사쓰마와 조슈에 토막의 실행 연기에 대한 칙서가 내려졌다.

그런데 문제는 이 토막의 밀칙이 이제 갓 천황에 즉위한 소년 메이지 천황의 의지가 아니라는 점이다. 게다가 고대 율령제도 때부터 전해오는 '조서(詔書)'의 형식도 전혀 갖추지 않고 있었다. 전후 사정으로 보아 당시 칩거에 들어가 있던 이와쿠라가 배후에서 움직이고 있었다는 것은 충분히 상상할 수 있는 일이다.

도쿠가와 요시노부가 '대정봉환'을 올린 후에도 토막파는 무력으로 막부를 무너뜨릴 계획을 포기하지 않았다. 이들은 공무합체를 주장하는 유력 다이묘들이 요시노부를 지지하는 한 '대정봉환' 후의 새로운 체제도 결국은 요시노부의 주도하에 이루어질 것으로 우려했다. 이를 저지하기 위해 토막파는 친막부적인 입장의 구게를 배제하고 천황과 토막파 구게를 옹립하여 신정부를 수립하는 쿠데타를 계획했으며 사쓰마와 조슈, 그리고 히로시마번은 정변에 대비하여 출병동맹을 체결했다.

토막파는 구체적인 실행 기일을 12월 9일로 정하고, 그 전날 이와쿠라는 자택에 사쓰마·도사·히로시마·오와리(尾張)·에치젠(越前)의 5개 번의 중신들을 모아 쿠데타에 대한 협력을 구했다. 이윽고 12월 8일부터 9일에 걸쳐 개최된 조정 회의에서는 조슈 번주 부자(父子)의 관위 복구와 입경의 허가, 이와쿠라 등 당상 구게들의 칩거 사면과 환속, 규슈로 쫓겨난 산조 사네토미 등 낙향한 5구게의 사면 등이 결정되었다. 12월 9일 회의가 끝난 후 대기하고 있던 5개 번의 병력이 궁중의 문을 모두 봉쇄하여 친막부적인 구게의 출입을 엄격하게 통제하고 있었다.

이러한 가운데 당일 칩거에서 사면된 이와쿠라가 참내(參

1867년 12월 9일(음력), 왕정복고 직후 '소어소회의' 모습. 메이지 천황이 중앙에서 정면을 향해 앉아 있다. 오른쪽에서 손을 내밀고 있는 사람이 이와쿠라 도모미, 왼쪽에서 이와쿠라를 노려보는 사람이 야마우치 요도다(메이지성덕기념회화관 6번째 그림).

內)하여 '왕정복고의 대호령'을 발포하고 신정부의 수립을 결정했다.

막부를 폐지하고 신정부의 수립을 알리는 '왕정복고' 선언은 12월 14일 전국의 다이묘에게, 16일에는 일반 서민에게 포고되었다. 이러한 일련의 역사적인 순간에 메이지 천황은 아무런 역할도 하지 않고 있었으며 모든 것이 토막파의 계획대로 진행되고 있었다. 당시의 이러한 상황을 가장 상징적으로 보여주는 것이 '왕정복고 대호령' 직후 그날 저녁부터 궁중의 소어소(小御所)에서 메이지 천황이 임석한 가운데 신정부의 요인들이 모두 참석하여 개최된 '소어소회의'였다.

유충(幼沖)의 천자

'소어소회의'는 무쓰히토가 천황이 된 이후 최초의 공식석상 참석이며 최초의 정치적인 행동이었다. 그러나 그림과 같이 천황은 건너편 방에 발을 드리우고 앉아 있으며 밤을 새워 회의가 끝날 때까지 단 한 마디도 하지 않았다. 회의에서 초미의 쟁점은 도쿠가와 요시노부를 신정부의 요직에 참여시킬 것인가의 여부였다. 당시 회의에서 쟁점이 된 발언의 요지를 재구성하면 다음과 같다.

회의 의장격인 나카야마 다다야스가 개정을 선언한 후 대정봉환을 요시노부에게 건의한 공무합체파의 도사번주 야마우치 요도(山內容堂)가 먼저 도쿠가와 요시노부를 조정 회의에 참석시킬 것을 제안했다. 이에 대하여 토막파 구게 오하라 시게토미(大原重德)가 요시노부의 본심이 충성심에 의한 것인지 알 수 없기 때문에 참석시켜서는 안 된다고 반대했다.

이에 야마우치는 정곡을 찌르는 발언으로 토막파를 자극한다.

오늘의 거사는 매우 음험하다. 무장 병력이 궁중을 에워싼 것은 무슨 까닭인가? 왕정을 한다면 공평무사한 마음으로 만사를 조치해야 한다. 그렇지 않으면 천하의 민심을 얻을 수 없다. 300년이나 태평을 지켜온 도쿠가와 가문이다. 그것을 배제하는 이유가 무엇인가? 두세 명의 구게는 왜 음험한 행위를 하는가? 필시 유충(幼沖: 나이가 어림)의 천자를 옹립하여 권력을 찬탈하려는 것이 아니고 무엇인가!

토막파가 움찔할 만도 한데 이때 책사 이와쿠라가 도중에 가로막으며 야마우치를 꾸짖는다.

어전회의다. 삼가라! 성상(聖上)은 불세출의 영재로서 대정유신의 과업을 하고 계신다. 오늘의 거사는 모두 성상의 결단에 의한 것. 어디라고 함부로 유충의 천자를 옹립하고 권력을 탈취한다는 따위의 말을 하는가. 무례하다!

야마우치는 일단 실언을 사과했지만 이번에는 에치젠의 마쓰다이라 요시나가(松平慶永)가 도쿠가와 막부 200년의 공을 들어 요시노부를 옹호했다. 이와쿠라는 재차 말을 가로 막으며 강하게 밀어붙인다.

이에야스는 물론 훌륭했다. 그러나 그 자손은 황실을 가벼이 대하고 군신의 의를 지키지 않으며 상하의 분수를 어지럽힌 지 오래다. 근왕의 지사를 죽여오지 않았는가. 만약 요시노부가 진정으로 반성한다면 당장 관직을 내려놓고 토지와 인민을 반납(辭官·納地)하여 왕정유신의 대업에 동참해야 할 것이다. 그러나 요시노부에게 그런 성의가 보이지 않는다. 정권의 껍데기만 반납하고 토지와 인민을 보유하고 있다. 요시노부와 같은 인물은 절대 용서해서는 안 되며 조정 회의에 참석시켜서도 안 된다.

이어서 오쿠보 도시미치가 이와쿠라의 편을 들어 관직과 토지의 반납을 주장하는 발언을 했다. 오쿠보의 지지 발언으로 이와쿠라·사쓰마파와 도사·에치젠파의 대립이 선명해졌다. 잠시 회의가 중단되고 휴정 중에 밖에서 무장 병력을 거느리고 있던 사이고 다카모리가 "단도 한 자루면 처리된다"고 단언했다.

이와쿠라는 이에 용기를 얻고 피를 보는 일이 있더라도 야마우치를 제거하겠다는 뜻을 주위에 넌지시 비췄다. 이 말을 전해들은 야마우치는 이미 쿠데타를 더 이상 되돌릴 수 없다고 판단하고 회의가 재개되자 침묵했다. 나머지는 이와쿠라의 계획대로 진행되어 요시노부의 관직과 영지 반납이 결정되고 회의는 심야에 끝났다. 메이지 천황은 거의 6시간이 넘는 회의 동안 발 뒤에 앉아 듣고 있을 뿐이었다.

소어소회의에서 야마우치가 말한 '유충의 천자'가 메이지 천황의 '실상'이며, 이와쿠라가 말한 '불세출의 영재'는 발 뒤에 앉아서 한 마디도 없이 회의를 지켜보는 16세의 천황에게 어울리지 않는 '허상'이었다. '불세출의 영재'는 토막파가 자신들의 정치적 행위를 정당화하기 위해 만들어낸 천황상이며, 그것이 곧 왕정복고 직후 권력에 의해 조작되는 창출된 천황상의 특징을 단적으로 말해주고 있다.

메이지유신 이후 근대 일본의 천황상은 이러한 '허상'이 지배적이 되면서 국민들의 맹목적인 천황숭배와 절대적 충성을 이끌어 내는 데 중요한 역할을 했다. 과연 메이지 천황 본인은 이러한 '허상'과 '실상' 사이에서 어떤 역할을 하고 있었을까.

'유충의 천자'라는 '실상'이 '불세출의 영재'라는 '허상'에 가까워지기까지는 측근들의 무수한 노력을 필요로 했다.

제4장 천황친정운동의 전개와 좌절

오사카친정(大阪親征)

이와쿠라를 비롯한 신정부의 수뇌들은 자신들이 내세우는 천황에 대하여 정적들이 '유충의 천자'라고 공격하지 못하도록 천황의 '실상'을 성장시킬 필요성이 있었다. 1868년 정월 신정부는 서둘러 천황의 성인식을 결정하여 1월 15일 천황의 머리를 자르고 성인식을 치렀다.

성인식 이틀 후인 1월 17일 오쿠보 도시미치는 오사카천도의 건백서를 올린다. 오쿠보의 오사카천도론의 요지는 천황을 보수적인 교토의 궁궐 밖으로 이끌어냄으로써 천하 만

민과 격리되어 있는 '구폐'를 일신하기 위한 것이었다. 오쿠보가 건백서에서 "천하 만민이 감동하여 눈물을 흘릴 정도의 실행"에 의해 천황이 '백성의 부모'임을 과시할 것을 주장한 것은 천황의 권위를 이용하여 민심의 동향을 수렴하는데 중점을 두고 있었다는 것을 말해주고 있다.

오사카천도론은 조의에 부쳐졌지만 보수적인 집단인 구게들의 반대에 부닥쳐 실행에 옮기지 못했다. 구게들이 반대한 가장 큰 이유는 천황이 교토를 떠나면 자신들이 신정부로부터 소외될 것이라는 불안감이 있었기 때문이다. 오사카천도는 실현되지 않았지만 오쿠보의 또 하나의 복안은 천황이 궁궐 밖으로 나와 보신전쟁(戊辰戰爭)에 파견되는 정벌군을 직접 지휘하는 '천황친정(天皇親征)'의 모습을 보임으로써 전쟁의 정당성을 과시하고 병사들의 사기를 진작하고자하는 것이었다.

오쿠보의 의도는 천황의 '오사카친정(大阪親征)'으로 실현되었다. 막부군과 한창 전쟁 중이던 1868년 3월 21일 천황은 궁궐을 나와 관군의 최고사령관으로서 친정(親征)을 시작했다. 황실의 보물로 전해지는 '3종의 신기' 가운데 하나인 거울 '야타노카가미'를 앞세워 나가는 천황의 행렬에는 금기(錦旗)가 휘날리고 있었다. 산조 사네토미, 나카야마 다다야스 등 29명의 구게가 주변을 에워싸고 다카히토 친왕이 선봉대를 이끌었다. 행렬이 교토의 히가시혼간지, 이와시미즈 하치만궁을 거쳐 오사카에 행궁으로 준비되어 있는 혼간지에 도착한 것은 3월 23일이었다.

오쿠보 도시미치가 천황을 직접 알현한 것은 이때가 처음이었다. 4월 9일 오사카 행궁에서 천황을 알현한 오쿠보는 그때의 감격을 다음과 같이 일기에 적고 있다.

내 일신의 행복으로 감격의 눈물을 흘릴 수밖에 없었다. … 일개 무사로서는 처음 있는 일이며 실로 미증유의 일로 황공할 따름이다. …2시 무렵부터 흠뻑 마시면서 서로 축하했다.

4월 17일에는 기도 다카요시와 요코이 쇼난(橫井小楠)도 천황을 배알했다. 기도는 일기에 다음과 같이 적었다.

관직이 없는 평복으로 천안을 지척에서 뵙는 것은 수백 년간 들어보지 못한 일이다. 감격의 눈물로 옷깃을 적셨다.

막말의 정국에서 "대의가 아닌 칙명은 칙명이 아니다"라고 단언하고, 천황을 '구슬'이라는 은어로 부르면서 천황의 권위조차 자신들의 권모술수를 위해 이용하던 자들이 지척에서 천황의 '용안'을 보고 감격하여 눈물을 흘리고 있는 것은 그만큼 천황의 권위가 지존임을 말해주고 있다. 메이지 천황이 생애 첫 행차를 마치고 교토로 환행한 것은 윤4월 8일이었다.

궁중개혁

오쿠보는 일찍부터 구게의 폐습을 꺼리고 천황을 둘러싼 구게와 뇨칸(女官)을 일소하는 데 부심하여 궁중개혁과 천황 보필의 필요성을 역설하고 있었다. 그것은 구태의연한 궁중의 인습에서 벗어나 천황을 강건하고 영명한 군주로 키우고 실질적인 국가의 기축으로 삼으려는 것이었다. 일찍부터 오사카천도를 주장한 것도 궁중개혁의 필요성을 절실하게 느꼈기 때문이다.

그러나 1869년(메이지 2년) 교토를 떠나 도쿄로 수도를 옮긴 후에도 궁중에는 커다란 변화가 보이지 않았다. 천황이 뇨칸들 사이에서 생활하는 것은 수백 년 이래의 전통이었으며 궁중이라는 공간은 여전히 뇨칸들이 지배하고 있었다. 이러한 환경은 당연히 천황 개인의 성격과 육체에도 나쁜 영향을 미쳤다.

오쿠보는 새로운 근대국가의 군주가 연약한 여성성을 보

여서는 안 되며 남성적인 무용의 기질을 갖춘 인물이어야 한다고 생각하고 궁중 개혁에 착수했다. 그 첫 단계로 먼저 궁중에 천황이 공적인 정무를 보는 오모테고자쇼(表御座所)를 만들어 뇨칸의 출입을 금지시키고 천황은 여기서 오전 10시부터 오후 4시까지 정무를 보도록 했다. 당시 뇨칸의 반발이 얼마나 심했는지는 오쿠보가 "궁중의 내관들이 태정관 관리들 보기를 원수처럼 대한다"고 한 말에서도 알 수 있다.

다음 단계로 오쿠보는 이와쿠라, 사이고, 기도 등과 상의하여 사쓰마 출신으로 오쿠보의 신뢰가 두터운 요시이 도모자네(吉井友實)를 궁내대승으로 기용했다. 당시 오쿠보의 일기에 자주 등장하는 인물이 요시이였다. 요시이는 막말의 동란기에 사쓰마에서 세이추구미(誠忠組)에 가담하여 오쿠보와 함께 활약한 경력을 가지고 있었다. 오쿠보는 신뢰하는 요시이를 궁중에 심어 숙원의 궁중개혁을 맡겼다.

궁중에서 요시이를 지지한 것은 막말기 존왕양이파로 구게였던 도쿠다이지 사네쓰네(德大寺實則)였다. 요시이는 도쿠다이지의 도움으로 궁중개혁에 착수하여 가장 먼저 36명의 뇨칸을 일제히 파면하고 그 세력을 일소했다. 동시에 뇨칸들의 빈자리에 막말동란기의 격동을 헤쳐 나온 지사들을 천황의 시종으로 에워싸게 했다.

사이고는 오쿠보의 요청에 협력하여 사쓰마 출신의 무라

타 신파치(村田新八)·다카시마 도모노스케(高島鞍之助)·시마 요시다케(島義勇) 등의 건장한 무사를 시종으로 추천했다. 존왕양이파 지사 출신의 신참 시종들은 천황의 심신을 단련하는 데 주력했다. 천황도 무예를 닦는 데 힘썼다고 한다. 1871년 12월 사이고가 고향의 숙부에게 보낸 편지를 보면 메이지 천황은 시종들을 엄청난 신분 격차를 무시하고 총애했다고 한다. 고메이 천황이나 그 이전의 역대 천황이라면 상상할 수 없는 일이다. 이 부분도 메이지 천황과 고메이 천황의 커다란 차이점이라 할 수 있을 것이다.

무사 출신의 시종들이 둘러싼 천황의 일상은 뇨칸이 지배하던 궁중의 분위기를 일변시켰다. 천황이 20세가 되던 해 천황보다 8세 연장의 시종 다카시마의 다음과 같은 증언이 있다.

주량이 세고 가끔씩 마음에 드는 시종들을 모아 주연을 하실 때 나는 술이 약해 달아나는 경우가 많았다. 야마오카나 나카야마는 상당한 호주가로 두주불사의 호걸이었기 때문에 술 상대는 그들이었다. 더구나 당시 성상이 사용하던 술잔은 보통보다 큰 잔이었기 때문에 주는 대로 받아 마시다가는 취하기가 일쑤였다.

메이지 천황이 애주가였다는 것은 잘 알려진 사실이다. 궁중개혁으로 일신한 분위기 속에서 천황이 남성적으로 변해가는 면모를 말해주는 증언이라 하겠다. 천황은 이때부터 측근들과 종종 밤을 새워가며 대화를 나누는 경우도 드물지 않았다고 한다.

군덕(君德) 함양 교육

천황을 실제로 '불세출의 영재'에 걸맞은 군주로 키우기 위해서는 군덕 함양을 위한 교육이 필요했다. 특히 아직도 권력 기반이 취약한 신정부로서는 정권에 정당성을 부여해 주는 천황의 존재를 무시할 수 없었지만 현실의 천황은 아직도 미숙한 청년에 지나지 않았다.

역사적으로 고대의 귀족정권과 근세의 무가정권은 천황을 꼭두각시로 이용하는 시스템을 답습해왔지만 신정부는 이를 넘어서 천황의 권위를 통해서 지배의 정당성을 과시하고 하루속히 정권의 안정화를 꾀했다. 천황의 생일을 천장절로 정하고 국가적인 축일로 지정한 것도 천황의 권위를 강화하기 위한 시책의 하나였다.

이와 같이 권위화되어가는 천황상에 대하여 실상으로서

의 메이지 천황의 이미지도 가능하면 가깝게 근접시키기 위해 새로운 교육이 불가결했다. 유소년기의 천황에 대한 교육은 전형적인 귀족교육이었다. 역사적인 격동기에도 불구하고 천황이 유소년기에 받은 교육은 정치적 안정기의 역대 천황이 받은 그것과 크게 다르지 않았다. 여덟 살 때부터 서도와 독서 교육이 시작되었고, 한문도 중시되었다. 한문은 유교 텍스트를 중심으로 한 교육이었다.

그러나 메이지유신 이후에는 군덕 함양을 위한 새로운 교육이 강화된다. 천황이 만 17세가 되는 1869년에 개정된 일과를 보면 『일본서기』를 비롯하여, 『시경』 『자치통감』 『정관정요』 『대학』 등과 국사를 각 번에서 선출된 우수한 학자들이 시강(侍講)으로 임명되어 교대로 강의를 담당했다.

쓰와노번(津和野藩) 출신의 국학자 후쿠바 비세(福羽美静)는 1868년부터 『고사기』 『신황정통기』 등의 국사를 강의하여 진강(進講)의 효시를 이루었다. 히고번(肥後藩) 출신의 유학자 모토다 나가자네(元田永孚)는 1871년 6월부터 천황의 시강으로서 『논어』 등의 중국 고전을 담당했다. 모토다는 메이지 천황의 스승이라 할 수 있을 정도로 천황의 정치 사상에 커다란 영향을 미친 인물이다.

1870년 말부터는 독일학의 창시자이자 후일 도쿄대학교 총장이 되는 가토 히로유키(加藤弘之)가 매주 2~3회 유럽의 정치제도와 역사를 강의했으며 1871년부터는 독일어 학습도 시작했다. 천황의 이해력에 대한 다음과 같은 가토의 증언은 다른 증언들과 일치하는 부분도 있어 신빙성이 높다.

천성적으로 면밀 착실하며 사물을 도중에 그만두는 일이 없이 어디까지나 근본적인 바탕을 이해하지 않으면 안 되는 성질이었다. 예를 들면 오늘 말씀드린 것도 의문이 가면 내일 이해할 때까지 질문하신다. 진도가 늦은 대신 일단 이해한 것은 절대로 잊어버리지 않고 반드시 이를 활용하신다.

메이지 천황의 시종이었던 다카쓰지 오사나가(高辻修長)도 비슷한 증언을 하고 있는 것을 보면 천황은 뛰어난 수재는 아니지만 상당한 노력가이며 일단 한번 배운 것은 잊어버리지 않고 이해도 깊었다는 가토의 증언은 결코 과장된 것이 아닐 것이다.

한편 천황이 면학에 노력했다는 증언은 찾아보기 어렵지만 천황이 학문에 그다지 열의를 보이지 않았다는 증언은 다소 남아 있다. 1874년 5월의 19일과 20일의 기도 일기를 보면 시강 후쿠바 비세와 가토 히로유키가 천황이 학문에 전념하지 않아 고민이라 상의해왔고 기도는 이들의 요청을 받아들여 천황에게 학문을 연마해서 황통을 이어가는 데 걸맞은 인물이 되도록 간언하고 있는 부분에서 확인할 수 있다. 도널드 킨은 천황이 학문에 전념하지 않았던 것은 지나치게 여성과 시간을 보내는 일이 많았기 때문일 것이라고 유추하고 있다. 실제로 20대 초반의 천황은 내전에서 시간을 보내는 경우가 많았다고도 전해지고 있다.

승마와 군사훈련

학문 이외에 천황이 가장 흥미를 가진 것은 승마였다. 심지어 천황이 승마에 너무 열중한 나머지 오히려 신하들의 학문을 소홀히 하지 않을까 걱정할 정도였다. 천황이 언제부터 승마를 시작했는지는 정확하게 알 수 없지만 『메이지 천황기』에 따르면 1868년 9월부터 매월 6회 승마훈련이 있었다고 한다.

승마는 1871년 궁중개혁 이후 일상화되었다. 특히 궁중개혁 이후 천황의 측근으로 에워싼 시종들은 어릴 때 뇨칸들 사이에서 성장한 천황을 단련시키기 위해서도 승마를 장려하고 있었다. 원래 허약했던 천황의 체질도 이때부터 건강해졌다고 한다. 사이고가 1871년 말 고향의 숙부에게 보낸 편지에도 천황의 승마에 관한 내용이 있다.

승마는 날씨만 좋으면 매일같이 타시며 며칠 후에는 근위병을 1개 소대 불러 조련하실 예정입니다. 이제부터는 격일로 조련하실 계획입니다. 필히 대대를 친히 통솔하시어 대원수는 스스로 한다고 말씀하십니다.

사이고가 편지에서 '대원수'라고 했듯이 천황의 승마는 군사훈련과도 불가분의 관계에 있었다. 천황이 '대원수'로서의 자질을 갖추기 위해서는 친히 말을 타고 군사를 조련하는 훈련이 필요했던 것이다.

천황의 군사훈련에서 잘 알려진 것이 1873년 4월 말 이틀에 걸쳐 말을 타고 친히 근위병 2,800명을 통솔한 나라시노(習志野) 연습이었다. '나라시노'는 원래 다른 지명이었지만 이때 천황의 군사 훈련을 기념해서 개명되었다. 사이고는 근위도독으로서 천황을 지적에서 수행했다. 훈련 당일 밤 큰비가 내려 막사가 쓰러질 지경이 되었다. 사이고가 걱정이 되어 천황의 막사로 달려가 보니 천황은 "비가 새서 곤란할 뿐이야"라고 말했다는 것은 두 사람의 허물없는 관계를 전해주는 일화로 유명하다.

천황의 승마와 군사훈련은 천황과 사이고의 친밀한 관계를 맺어주는 연결고리가 되었다. 그러나 1873년 10월 정한론 정변으로 사이고가 사임하고 낙향하면서 천황은 두

번 다시 사이고를 만날 수 없었다. 같은 시기에 천황에게는 불행이 겹쳤다. 9월 후궁이 황자를 출산하고 또 다른 후궁이 11월에 황녀를 출산했지만 모두 태어난 그날 사망했다. 황녀를 출산한 후궁도 이튿날 사망했다. 신뢰하는 사이고가 떠나고 잇달아 자식을 잃은 천황은 술에 의지하는 날이 많아졌다. 그래도 나름대로 승마와 군사 훈련은 계속했다. 1874년 연병은 67회, 1875년 승마 횟수는 225회로 기록되어 있다.

정한론(征韓論) 분열

메이지 정부의 실력자 이와쿠라 도모미·오쿠보 도시미치·기도 다카요시 등이 조약 개정 교섭을 위해 1871년 12월부터 약 1년 9개월에 걸쳐서 세계를 일주하고 있을 때, 정부의 실권은 사이고가 잡고 있었다. 이와쿠라 사절단이 외유를 하고 있는 사이에 메이지 정부는 조선과의 국교 재개에서 난항을 겪고 있었다.

이제까지 도쿠가와 막부와 선린우호 관계를 유지해오던 조선 정부는 메이지 정부가 보내온 국서가 종래의 것과 다르다는 이유로 수차례에 걸쳐 국서 수리를 거부했다. 일본은 이를 외교적인 '무례', 또는 '국욕(國辱)'으로 받아들이고 조선을 정벌해야 한다는 '정한론(征韓論)' 열기가 분출되었다.

당시 조선의 국가 명칭을 따서 '정조론(征朝論)'이라 하지 않고 '정한론'이라 한 배경에는 조선에 대한 우월감이 있었다. 『고사기』와 『일본서기』에 따르면 전설상의 인물로 전해지는 진구 황후가 3세기 초 조선반도의 삼한(三韓)을 정벌하여 복속시켰다는 신화가 전해지고 있다. '정한론'은 이러한 신화 속에 나오는 '삼한정벌'의 '한'을 가져온 것이었다. 그것은 당시 아직도 무사사회의 기운이 남아 있는 분위기에서 조선을 무력으로 또 다시 정벌할 수 있다는 우월감의 표시이기도 했다.

1873년 7월 '정한' 열기가 고조되어 조정에서 파병이 논의되고 있을 때 사이고는 자신이 전권대사로 파견되어 조선을 설득하고 만약 조선이 이를 듣지 않는다면 병사를 일으키자는 제안을 했다. 사이고의 제안은 중신들의 지지를 얻었다. 다만 태정대신 산조 사네토미(三条実美)는 정부의 중추가 외유 중이라 망설이고 있었지만 사이고가 거칠게 밀어붙여 8월 17일 각의에서 사이고 파견이 결정되었다.

각의의 결정 사항을 산조로부터 보고받은 천황은 "사이고의 조선파견 문제는 이와쿠라의 귀국을 기다려 각의에서 충분한 논의를 거친 다음 짐에게 보고하라"는 지시를 내렸고,

산조는 이를 사이고에게 전했다고 한다. 그러나 과연 천황이 직접 내린 결단인지, 아니면 산조가 천황의 이름으로 자신의 생각을 전한 것인지 알 수가 없다. 당시 전후 사정으로 볼 때 천황이 이런 중요한 결단을 내릴 수 있었던 것으로 보이지 않기 때문이다.

1873년 9월 이와쿠라 사절단이 귀조하면서 일단 각의에서 결정을 보았던 사이고의 조선 파견 문제가 다시 논의되어 10월 15일 각의에서도 사이고 파견이 결정되었다. 그러나 이에 대하여 이와쿠라 사절단 일행은 외정보다 내치가 우선이라는 입장을 앞세워 강하게 반대했다.

서구 열강의 부강함을 직접 목격하고 일본의 현실이 얼마나 열악한지를 뼈저리게 느끼고 돌아온 이들은, 국력의 충실을 기해야지 조선과 전쟁 따위나 벌이고 있을 때가 아니라고 주장한 것이다.

때마침 태정대신 산조가 병으로 쓰러지고 이와쿠라가 태정대신 대리를 맡으면서 상황은 내치를 우선하는 입장이 유리하게 되었다. 이와쿠라는 국력 충실을 앞세워 조선에 사절 파견을 반대하는 상서를 올렸고, 천황은 이를 재가했다. 결국 천황의 재가로 사이고는 조선 파견이 좌절되자 사표를 던지고 낙향했다.

무력한 천황의 '실상'

사이고가 사표를 던지고 낙향하자 근위 장교들의 사직도 잇달았다. 사이고가 추천하여 천황의 시종으로서 보필하던 무라타 신파치 등도 깨끗하게 사표를 던졌다. 사이고가 사직한 이튿날 천황은 근위 장교의 사직을 막기 위해 궁중으로 소집했지만 장교들은 이에 응하려 하지 않았다. 천황은 재차 140여 명의 근위장교를 소집하지만 병을 구실로 불참하거나 이미 귀향길에 오른 자가 많았다. 사이고에게 충성하는 자는 있어도 천황에게 충성을 다하려던 자는 없었던 것이다.

정한론 정변 당시 22세 천황의 '실상'은 이처럼 무력한 존재였다. 앞서 천황이 산조에게 이와쿠라 사절단이 귀국하기를 기다려 결정하라고 지시했다거나, 내치를 우선하는 이와쿠라의 의견서에 재가를 내렸다는 것은 천황이 주체적으로 리더십을 발휘한 것이 아니라, 산조와 이와쿠라의 의도에 의해 움직이고 있었던 것으로밖에 보이지 않는다. 특히 권모술수에 능한 이와쿠라는 당연히 내치 우선을 주장하는 자신의 입장을 천황에게 설득했을 것이다.

정한론 부결은 천황이 이제까지 내린 정치 행위 가운데 가장 중요한 결단(도널드 킨)이라거나, 서로 싸우는 것을 원치 않는 천황이 조선과의 전쟁보다 내정에 충실을 기하는 편이 나을 것이라고 판단했다(쓰쿠바 조지)는 등의 설명은, 메이지 천황의 '실상'이 아니라 만들어진 '허상'일 것이다.

여기서 또 한 가지 의문이 생긴다. 천황과 사이고의 관계는 다른 어떤 메이지유신의 공신들보다도 가까웠다. 사이고는 자신의 수하를 천황의 시종으로 심었으며, 군사훈련에서도 고락을 함께했다. 또한 이와쿠라 사절단이 외유 중일 때는 사이고가 직접 천황의 서국순행을 수행하여 더욱 두터운 신뢰를 얻었다. 그렇다면 천황은 왜 '정한론' 정변 당시 사이고 편에 손을 들어주지 않았을까.

이 또한 천황이 무력한 존재였다는 것을 방증해주고 있다. 천황의 사이고에 대한 신뢰는 정한론 정변과 사이고가 반란을 일으킨 세이난전쟁 당시는 물론이고 만년에 이르기까지 변하지 않았다는 것은 여러 가지 증언이 이를 말해준다. 그럼에도 천황이 사이고 편을 들지 못했던 것은 그만큼 무력한 존재였기 때문이다.

그런 점에서 천황이 신뢰하던 사이고와 천황에 대한 애정을 가진 사이고의 절친 관계는 치열한 권력투쟁 앞에서 무력하게 무너져버린 것이다. 결국 사이고는 천황에게 한마디 보고도 없이 조정을 떠나 사쓰마로 돌아갔고 그 4년 후 반란을 일으켜 '조적(朝敵)'이 되었다.

그러나 천황은 끝까지 사이고에 대한 신뢰를 버리지 않았으며 1889년 메이지헌법 공포를 기념하여 '조적' 사이고를 사면하고 정3위의 위계를 추증했다.

그러나 천황이 사면하고 130년이 지난 지금까지도 메이지 천황의 이름으로 창건된 야스쿠니신사는 사이고를 사면하지 않고 있다. 2018년에는 메이지유신 150년을 맞이하여 사이고의 야스쿠니신사 합사를 주장하던 궁사(도쿠가와 요시노부의 손자)가 주위의 압력으로 물러나지 않을 수 없었다. 야스쿠니신사는 어디까지나 천황에 대하여 충성을 다한 자만이 합사될 수 있는 곳이라는 입장인 것이다. 그렇다면 이들은 사이고를 사면한 메이지 천황의 뜻을 거스르고 있는 것은 아닐까?

세이난(西南)전쟁

1877년 1월 24일 26세의 청년 천황은 고메이 천황 10주기를 위해 교토로 향했다. 공교롭게도 천황이 교토에 도착한 이튿날(1월 29일) 사쓰마의 가고시마에서는 사이고의 사학교 무리들이 육군의 탄약을 강탈하고 해군의 화약고를 점령했다. 세이난전쟁이 목전에 당도한 것이다. 예정대로라면 천황은 나라(奈良)에 행차하여 진무(神武) 천황릉을 참배한 후 2월에 귀경할 계획이었지만 오쿠보는 서남쪽의 반란에 대비하여 교토의 어소에 임시 태정관을 두고 천황 친정(親征)의 형태를 갖추었다.

한편 사이고는 2월 12일 거병 성명을 발표하고 14일 선봉대가 구마모토(熊本)로 진군하면서 세이난전쟁이 시작되었다. 정부는 2월 19일 사이고군을 토벌하기 위한 출병을 정식으로 결정했다. 이후 세이난전쟁의 경과는 치열하기 이를 데 없었다. 정부군 약 7만 명과 사이고군 약 3만 명으로 우열이 확연한 전력에서도 전사자는 정부군 6,400명, 사이고군 6,800명으로 백중지세의 전투를 펼쳤다.

초반에는 사기왕성한 사이고군이 우세했지만 정부군이 대열을 갖추면서 후퇴를 계속했다. 사이고가 가고시마 시가전에서 정부군과 치열한 공방전을 치른 후 시로야마(城山)에서 농성할 때 사이고군은 300여 명밖에 남지 않았다. 이윽고 9월 24일 전투에서 복부와 허벅지에 총탄을 맞은 사이고는 천황이 있는 동쪽을 향해 절을 올린 후 할복을 준비했다. 이미 사이고는 자신의 배를 가를 힘이 없어 자세를 취하고 있을 뿐이었다. 사이고의 측근 벳푸 신스케(別府晋介)가 "용서하세요!"라고 외치면서 사이고의 목을 내리쳤다. 벳푸도 그 자리에서 할복했다. 사이고와 벳푸의 죽음을 지켜보던 과거 천황의 시종이었던 무라타 신파치를 비롯한 나머지 측근들도 모두 최후의 저항을 하다가 총탄에 맞아 전사하거나 스스로 목숨을 끊으면서 세이난전쟁은 끝을 맺었다.

사이고 다카모리와 메이지 천황

『메이지 천황기』1877년 3월 21일조를 보면 천황의 이례적인 행동이 기록되어 있다.

교토로 행차한 이래 궁전 배치 사정으로 밤낮으로 어전(御殿)에 계시면서 배알자를 인견(引見)할 때를 제외하면 학문소로 나오지 않으시고, 야마토행차에서 환행한 후에도 마찬가지로 오로지 매일 아침 세이난사변에 관하여 태정대신 산조 사네토미로부터 그 개요를 들을 뿐이다. 그리고 어전에서는 뇨칸들이 좌우에서 봉사하고 대신, 참의라 하더라도 9등 출사를 거치지 않고는 천안을 지척에서 뵐 수가 없었다. 사네토미, 우대신 이와쿠라 도모미, 궁내성 출사 기도 다카요시… 모두 일찍이 성덕 함양에 고심했지만 하물며 천하 비상시에 이를 깊이 우려하여 재삼 학문소로 나오실 것을 주청했지만 좀처럼 이를 받아들이지 않으시다.

한마디로 말하자면 천황은 세이난전쟁의 경과, 즉 본심은 사이고 다카모리가 마음에 걸려 정무와 면학을 거부하고 있었다는 말이다. 당시 교토에 상주하고 있던 산조, 이와쿠라, 기도 등이 간언을 해도 듣지 않았다. 정부는 보신전쟁 당시 천황의 오사카친정(親征)으로 신정부의 정당성과 사기진작을 노렸던 것처럼 막강한 사이고군에 대항하기 위해서는 천황친정(親征)이 꼭 필요했다. 그러나 천황이 의도적으로 이를 거부했다는 것을 『메이지 천황기』는 말해주고 있다. 그것은 무력한 천황이 취할 수 있는 최대의 저항이기도 했다.

심지어 천황은 자신이 즐겨하던 승마도 하지 않았다. 천황의 승마는 군사적 행위를 의미하는 것이며, 그런 의미에서 천황의 승마 거부는 사이고와의 전쟁에 자신이 직접 나서지 않겠다는 의사표현이기도 했다. 위암으로 병상에 있던 기도가 간신히 천황을 설득하여 3월 25일 단 한 번 2시간가량 교토 시중을 가마로 순회하는 데 성공했지만 그것이 마지막이었다. 기도는 병마에 시달리면서도 천황에게 간했지만 끝내 2개월 후 병상에서 "사이고, 좀 적당히 하지"라는 말을 남기고 숨을 거두었다.

천황의 거부반응은 기도의 간절한 바람도 소용없었다. 『메이지 대제』를 저술한 아스카이(飛鳥井)는 흔히 메이지 천황이 러일전쟁에 즈음해서 읊었다고 전해지는 아래의 노래를 사실은 세이난전쟁 당시 지은 것이라고 주장하고 있다.

어디까지나 추측뿐이지만 설득력이 있는 말이다.

　사방의 바다에 있는 나라는 모두 형제자매라고 생각하는 세
　상인데 무슨 일로 이렇게 풍파가 일고 있는고….

　천황은 세이난전쟁이 끝난 후에도 종종 사이고에 대하여 동정적인 언사를 되풀이했다. 1877년 10월, 하루는 천황이 황후와 시녀들에게 사이고를 주제로 와카(和歌)를 짓게 하면서도 사이고의 죄과를 비방하지 말고 읊으라는 조건을 붙였다고 한다. 세이난전쟁이 끝나고 10여 년이 지난 1889년 헌법 발포 직후에는 신문에 사이고가 사실은 러시아로 달아났으며, 러시아황태자 니콜라이가 방일하는 배에 동승하여 귀국한다는 '사이고 전설'에 관한 기사가 실려 떠들썩한 적이 있었다. 마침내 소문이 천황의 귀에 들어갔다는 기사까지 실렸다.

　사이고 생존설 이윽고 예문(叡聞)에 달하다(천황의 귀에 들어
　갔다는 의미). 사이고 옹 죽어서 부활하려 한다. 항간의 소문 예
　문에 달하다. 폐하 곧 미소를 띠우시며 시신들에게 말씀하시기
　를, 사이고가 돌아온다면 저 10년의 전쟁에 종사하여 공을 세
　운 여러 장교들의 훈장을 박탈할 것인가.

(「郵便報知新聞」, 1889. 4. 7.)

물론 이 기사는 항간의 소문을 기자가 창작했을 것이다. 그래도 역시 천황이 사이고를 끝내 지키지 못한 것에 대한 안타까운 마음이 남아 있었던 것은 사실이다. 어쩌면 항간의 소문은 같은 해 2월 헌법 발포 직후 천황의 특사로 사이고가 명예 회복한 사실을 반영한 것일지도 모른다.

시보직(侍補職) 설치

1877년 5월 천황의 군덕 함양에 열의를 가졌던 기도가 사망하고 천황 보도(輔導)가 후퇴하는 것을 우려한 오쿠보는 천황의 보좌기관 설치를 모색하고 있었으며 그 결과 궁중에 설치된 것이 시보직이었다. 시보직 설치에 가장 중요한 역할을 한 것은 천황의 시강 모토다였다. 모토다는 시강으로 임명된 1872년경부터 산조와 이와쿠라에게 군덕 함양의 필요성을 강조했으며 특히 세이난전쟁을 겪으면서 지금이야말로 '민심 수습'을 위해서도 천황의 군덕 함양이 중요하다고 역설했다.

오쿠보는 모토다의 주장을 진지하게 받아들여 8월 각의에서 천황의 보좌, 지도를 목적으로 하는 시보직 설치가 결정되었다. 시종은 천황의 '종자' 역할을, 시강은 천황의 '지육(智育)'을 담당했다면 시보는 어디까지나 천황의 '덕육'을 담당하여 정치적 소양을 키우는 역할이었다. 당시 정부의 최고 실력자 오쿠보는 천황이 근대국가의 주체적 군주로서의 역할을 하기 위해서는 군덕 함양이 필요하다는 데 공감하고 시보제도에 기대를 걸고 있었다.

시보로는 10명이 임명되었다. 일등시보로 궁내경 도쿠다이지 사네쓰네, 요시이 도모자네, 히지카타 히사모토, 사사키 다카유키(佐々木高行), 이등시보에 모토다(시강 겸무), 다카사키 마사카제(高崎正風) 그리고 삼등시보 4명을 더하여 10명이었다.

시보들은 임명된 즉시 천황을 알현하고 강습을 시작했다. 천황은 특히 역사상의 인물평에 많은 관심을 보였다고 한다. 예를 들면 제갈공명과 구스노키 마사시게(楠木正成) 중에 누가 더 뛰어난가 하는 질문에 대하여 요시이와 다카사키는 와카로, 히지카타는 한시(漢詩)로 봉답하는 식이다. 모토다는 천황의 술 상대가 되어주기도 했다. 모토다는 『삼국지』를 소재로 대화할 때 천황이 장비와 같은 호걸을 좋아하는 것을 경계하고 중국 고대의 요·순과 같은 이상적인 군주에게 관심을 가지도록 유도하기도 했다. 시보들은 이러한 접촉을 통해 천황이 정치적으로 각성하는 데 커다란 기대를 걸었다.

시보 설치 4일 후부터는 '내정야화(內廷夜話)'라는 일과가 시작되었다. 문자 그대로 해석하면 궁중 안에서 밤늦게까지 이야기한다는 의미인데, 실은 저녁 7시부터 2시간 동안 시보 2명이 교대로 당번을 맡아 천황으로부터 그날 일어난 일을 듣거나 상담을 하는 것이었다. 이는 젊은 천황이 연로한 시보들이 보는 시점을 통해서만 내외의 사안을 이해하게 되는 위험성을 안고 있었다.

그런데 사실은 시보직을 설치하는 데 이토가 중요한 역할을 했다. 세이난전쟁 당시 천황이 교토에 머물면서 정무와 학습을 거부했다는 것은 앞서 설명했다. 천황에게 간언을 마다않던 기도가 죽은 후 천황의 분발을 촉구한 것은 이토의 상주문이었다. "천황이 정치에 적극적으로 임하면 신민도 공명한다"는 내용의 상주문은, 오쿠보를 분발시키고 모토다의 시보 구상이 햇빛을 보게 한 것이다. 그러나 시보와 이토의 대립한 결과, 시보직이 불과 2년여 만에 폐지된 것은 아이러니였다.

오쿠보 암살

시보 가운데 천황의 최측근이라 할 수 있는 모토다와 사사키는 천황의 군덕 함양을 넘어서 천황을 명실공히 일본의 실질적인 통치자로 키우고자 부심했다. 그런 점에서 시보직 설치는 천황친정운동의 출발이었다. 모토다와 사사키, 다카사키 등은 오쿠보의 의도를 넘어서 천황친정의 실현과 이를 위한 준비 단계로 천황에 대하여 정치 교육을 하고 천황친정이 실현된 후에도 천황을 보좌하는 기관으로 시보를 두려고 생각하고 있었다. 이들은 메이지유신을 주도한 특정 지역출신자를 중추로 하는 내각(府中)과 궁중이 분리되어 있는 현상은 과거 에도 막부의 체제와 다름없으며 천황친정을 실현하지 않고서는 메이지유신은 확립되지 않는다고 생각하고 있었다.

그러나 시보들의 정치력에는 한계가 있었다. 아무리 천황이 정치적으로 성장해도 정부 측에 천황친정을 실질적으로 지향하는 움직임이 없으면 일을 성사시킬 수 없었다. 여기서 모토다는 세이난전쟁 이후 최고 권력자 오쿠보를 궁내경으로 맞이하는 계획을 세우고 오쿠보에게 제안했다. 모토다와 사사키는 오쿠보를 궁중으로 끌어들여 천황 주변의 정치력을 강화하고 천황 친정을 실현하려 한 것이다. 오쿠보도 시보들의 천황친정 계획에 이해를 나타내고 협력을 약속했다. 특히 시보 요시이는 오쿠보와 막부 말기부터 행동을 함께한 동향의 맹우였기에 믿음이 있었다.

그러나 1878년 5월 14일 사사키·요시이·다카사키 등의
시보들이 오쿠보의 심복 이토를 설득하기 위해 방문한 바로
그 시간에 오쿠보가 불평 사족의 습격을 받고 암살되었다.
시마다 이치로(島田一郎) 등 6명의 범인은 오쿠보의 독재정
치에 분개하여 참간장(斬奸狀)을 몸에 지니고 기오이자카(紀
尾井坂)에서 오쿠보를 참살했다. 이들은 참간장에서 아래와
같이 주장하며 자신들의 범행을 정당화했다.

오늘의 정치는 위로는 성지(聖旨: 천황의 뜻)에 있지 아니하고
아래로는 인민의 공론에 의하지 않고 있다. 오로지 요직에 있
는 관리 몇 명의 독단 전결에 따르고 있다.

오쿠보의 비보는 오히려 시보들을 분발케 하는 계기가 되
었다. 시보들도 범인들의 참간장에 공감하는 부분이 적지 않
았기 때문이다. 시보들은 이러한 현상을 타개하기 위해서는
진정한 의미에서의 천황친정을 실현하지 않으면 안 된다는
절박한 인식을 가지게 되었다. 그리고 천황친정을 실현하기
위해서는 누구보다도 천황 자신이 정치문제에 진지하게 임
해야 한다고 판단하고 천황에게 분발을 촉구하는 간언을 하
게 된다. 당시 시보를 대표한 사사키의 간언은 다음과 같다.

현재 어친정(御親政)의 체제를 갖추고 있지만 실질적으로는 내각 대신에게 맡기시고 계시기 때문에 세간에서 정치는 소수의 대신들이 좌우한다는 소문이 돌고 있습니다. 이미 아시는 바와 같이 시마다(島田)의 참간장에도 그것이 통렬하게 지적되고 있습니다. 아무쪼록 폐하께서는 더욱 분발하시어 진정한 친정을 실현하시기 바랍니다. 내외의 정세를 충분히 분간하지 못하면 유신의 대업도 수포로 돌아갈까 우려됩니다.

이에 천황은 눈물을 흘리면서 반성의 자세를 보이고 분발을 약속했다고 한다. 이 부분은 천황이 정치에 각성하기 시작했다고 해석하기보다는 이제까지 시보들의 노력에도 불구하고 천황이 이에 적극적으로 호응하지 않았다고 볼 수 있지 않을까. 시보들은 천황의 친정에 대한 소극적인 자세에 각성을 촉구한 것이지만 천황은 아직도 무력한 존재였다. 더구나 자신이 친정을 하겠노라고 나선다고 쉽게 될 일도 아니었다. 천황친정운동은 시보들이 추진한 것이지 천황이 앞장서서 주도한 것이 아니기 때문이었다.

천황친정운동의 좌절

천황의 약속을 배경으로 시보들이 내각에 요구사항을 제시하면서 필연적으로 충돌을 불러일으켰다. 시보들이 이토에게 천황친정의 실현과 시보의 정치적 역할의 확립을 요구하면서 제시한 것은 세 가지였다. 첫째 각료회의에 천황이 상시 출석할 것, 둘째 천황이 출석할 때 시보가 수행할 것, 셋째 시보가 행정상의 기밀을 듣는 것이었다.

두뇌회전이 빠른 이토가 이를 승낙할 리가 없었다. 이토는 궁중과 내각의 분리 원칙을 내세워 첫째 요구는 인정하지만 나머지 시보의 정치 관여는 인정하지 않았다. 시보는 어디까지나 궁중 내부에서 천황의 '덕육'에 임하는 직책으로 정책결정의 기밀에 관여하면 궁중과 내각의 구별이 없어진다는 이유에서였다. 이토는 시보의 요구를 들어주면 중국의 환관정치가 되어버린다고까지 했다. 나머지 참의들도 천황의 각의 참석은 인정하지만 시보들의 각의 참가를 강하게 거부했다. 시보들이 천황친정을 주장하면 할수록 정부 수뇌와의 사이에 거리가 생기는 것은 필연이었다. 이와쿠라도 만년에 천황에게 상주문을 올려 측근정치의 폐해를 설명하고 시보들의 동향에 주의를 촉구했다.

메이지 천황의 전기에서는 대부분이 『메이지 천황기』의

기술 등을 근거로 이러한 시보들의 노력으로 천황의 정치적 발언이 증가한 것을 하나의 성과로 평가하고 있다. 예를 들면 당시 천황이 "관리는 서양의 양옥집을 세우지 말라, 외국인과의 교제를 이유로 말하는 자가 있지만 태정관 건물이 수년 안에 들어서지 않는가. 자숙하면 백성의 원성도 그칠 것이다"라고 발언했다거나 또는 "삿초도(사쓰마·조슈·도사를 합친 말) 출신자들의 등용을 억제하고 각 지방관에서 인재를 등용하라"는 등의 지시를 했다는 것이다. 그러나 당시 천황이 직접 이러한 지시를 내린 것이라기보다는 보수적인 집단의 시보들의 생각이 반영된 것으로 보는 것이 타당할 것이다.

더구나 천황친정운동 과정에서 천황은 또 한 번 자신의 무력함을 절감해야 했다. 이토를 비롯한 정부 수뇌는 천황이 정치에 관여하는 것에 반대하고 인사에 대한 천황의 주장도 각하했다. 예를 들면 천황은 시보 사사키를 공부경(工部卿)으로 임명할 것을 희망했지만 실현되지 않았다. 오히려 뇌물사건 등으로 물의를 일으킨 이노우에 가오루(井上馨)가 시보들의 반대에도 불구하고 이토의 입김으로 그 자리에 앉게 되었다.

시보들의 천황친정운동을 주도한 모토다와 내각을 이끄는 이토의 대립은 근본적으로 어떤 국가를 지향할 것인가에서 너무도 격차가 컸다. 모토다가 지향한 것은 유교주의에 입각하여 천황이 친히 정치에 관여함으로써 내각 전제를 배척해야 한다는 '천황친정'을 대전제로 한 것이었다. 한편 이토는 근대국가는 행정의 룰에 의해 운영되어야 한다는 입장이었고 경우에 따라서는 천황의 의지도 묵살할 수밖에 없다는 생각이었다. 한마디로 말하자면 시보들의 유교주의와 이토를 필두로 하는 정부의 서구주의의 대립이었다.

결국 천황친정운동은 1879년 10월 시보제도의 폐지로 좌절되었다. 직접 계기는 참의 구로다 기요타카(黑田淸隆)가 시보 소에지마 다네오미를 면직하려 했을 때 모토다가 소에지마를 자른다면 제도 그 자체를 폐지하라고 담판했기 때문이었다. 모토다는 비장의 카드로 시보직 폐지를 내세워 정부의 양보를 얻어내려 했지만 오히려 '실언'한 셈이 되어버렸다.

천황친정운동의 좌절을 통해서도 천황의 실상은 무력한 존재였다는 것을 다시금 확인할 수 있다. 자신의 정치적 소양을 키워주고 자신이 정치적 리더십을 발휘할 수 있는 장을 만들기 위해 노력하던 측근들이 내각의 힘에 밀려날 때 천황은 아무런 조치도 취하지 못하고 있었던 것이다.

제5장 근대천황제 국가와 메이지 천황

메이지 14년 정변

근대 일본에서 민주주의 운동의 시작으로 일컫는 자유민권운동은 정한론 정변으로 하야한 이타가키 다이스케(板垣退助)를 중심으로 전개되기 시작했다. 이타가키는 1874년 함께 하야한 고토 쇼지로·에토 신페이·소에지마 다네오미 등과 애국공당을 결성하여 메이지 정부를 비판하면서 '민선의원 설립 건백서'를 정부에 제출했다. 이 건백서가 신문에 게재되면서 운동이 전국적으로 확산되었다. 함께 하야한 사이고가 무력 봉기로 나갔다면 이타가키는 비폭력 반정부운동으로 방향을 잡은 것이다.

자유민권운동이 확산되자 정부에서도 대응책을 모색하여 1880년에는 이토 히로부미(伊藤博文)가 점진적인 개혁과 상원 설치를 위한 제도 개혁을 제안했다. 이에 대하여 대장경 오쿠마 시게노부(大隈重信)는 1881년 3월 영국식 입헌군주국가를 표방하고 조기의 헌법 공포와 국회개설을 주장하여 이토와의 대립이 표면화되기 시작했다.

이러한 상황에서 홋카이도 관유물 불하사건이 폭로되어 자유민권운동의 정부 비판에 불을 붙였다. 1881년 7월 사쓰마 출신의 홋카이도 개척사(開拓使) 장관 구로다 기요타카가 동향의 정치상인 고다이 도모아쓰(五代友厚)에게 파격적인 염가로 개척사 관유물을 불하한 사실이 신문에 특종 보도된 것이다. 불하한 관유물은 창고·농장·탄광·사탕공장 등 약 1,400만 엔의 비용을 투자한 것이었는데 이를 무이자 30년부로 불과 39만 엔에 팔아넘긴 것이다.

정부에서도 대장경 오쿠마가 구로다의 불하 내용이 부당하다고 이를 중지할 것을 주장하면서 내부 갈등이 증폭되었다. 이토는 오쿠마의 주장을 자유민권운동과 결탁한 음모로 간주하고 오쿠마를 정부 내에서 추방할 것을 계획했다. 이토는 측근 이오누에 고와시(井上毅)와 의논하여 오쿠마가 메이지 천황의 동북지방 순행에 수행하여 자리를 비우고 있는 사이에 오쿠마 파면과 관유물 불하 중지 그리고 향후 10년 안에 국회를 개설한다는 방침을 결정했다. 이른바 '메이지 14년 정변'이다.

국회개설 방침은 10월 11일 순행에서 돌아온 메이지 천황의 재가를 얻어 이튿날 '국회개설 조서'로 발표되었다. 정변의 진상에 대해서 메이지 천황은 순행에서 돌아온 후 모토다를 통해서 알게 되었지만 이 과정에서도 30세의 메이지 천황은 전혀 주도적인 역할을 하지 않았다. 조서는 이노우에 고와시가 기초했으며 메이지 천황의 이름으로 발표했을 뿐이었다.

이후 1882년 이토는 독일의 헌법 사정을 연구한다는 명목으로 독일을 방문하여 헌법학자 슈타인(Lorenz von Stein)의 지도를 받고 프러시아식 헌법의 도입을 결의했다. 1년 후 귀국한 이토는 본격적인 헌법 제정 작업에 착수하게 된다. 파면 당한 오쿠마는 10년 후의 국회개설에 대비하여 1882년 10월 입헌개진당을 결성하고 도쿄전문학교(와세다대학교의 전신)를 설립했다.

이토 히로부미의 헌법 구상

헌법초안 기초에 착수한 이토는 신설된 추밀원 회의에서 헌법초안 심의를 최초의 의제로서 논했다. 이때 이토의 발언 가운데 황실은 '우리나라의 기축'이란 표현은 메이지헌법 제정과정을 설명할 때 자주 인용되는 유명한 말이다.

지금 헌법을 제정함에 있어서는 먼저 우리나라의 기축을 구하고, 우리나라의 기축은 무엇인가를 확정해야 한다. 기축 없이 정치를 인민의 망의(妄意)에 맡길 때는 정부 통치의 기강을 잃고 국가 또한 폐망할 것이다.

이어서 이토는 유럽에서는 '1,000여 년'간 인민이 정치에 익숙해져 있으며 또한 '종교'가 인심에 '스며들어' 인심도 이에 귀일하고 있다. 그러나 일본은 그러한 '종교'가 없다고 하면서 황실이 국가의 기축이 되어야 한다고 설명하고 있다.

우리나라에서는 종교라는 것은 그 힘이 미약하여 국가의 기축이 되기에 족하지 않다. 불교는 한때 융성한 세력을 펼치고 상하 인심을 연결시켜주었지만 오늘에 이르러서는 이미 쇠퇴하고 있다. 신도는 조종의 유훈에 의거하여 이를 조술(祖述)한다고 하지만, 종교로 인심을 귀향시키기에는 힘이 부족하다. 우리나라에서 기축으로 삼아야 할 것은 오직 황실이 있을 뿐이다.(1888. 6. 18.)

여기서 이토가 일본의 종교에 대한 불신을 배경으로 비종교적인 것으로서의 황실을 '기축'으로 삼으려 한 의도는 천황의 권위를 근대적인 법체계 속에서 불가침한 부분으로 재구성하는 데 있었다. 다시 말하면 이토의 발상은 천황은 비종교적 존재이기 때문에 비판을 허용하지 않는 권위로서 '국가의 기축'이 되어야 한다는 것이었다.

추밀원 회의에서 한 이토의 발언은 천황의 면전에서 이루어지고 있었다. 천황은 추밀원 회의에 감기로 한 차례 결석한 것을 제외하면 매번 참석하고 있었지만 전혀 발언하지 않았다. 이토는 천황 앞에서 자신이 유럽에서 배운 헌법학 내용을 천황에게도 직접 가르쳐 천황을 근대적 군주로 재교육하려 했던 것이다.

이토가 유럽에서 귀국한 직후 천황의 신임이 두터운 시종 후지나미 고토타다(藤波言忠)를 독일에 파견한 것도 이 때문이었다. 후지나미는 1886년부터 약 9개월간 매일 3시간씩 오스트리아 빈에서 슈타인의 강의를 들었다. 그는 귀국 후 33회에 걸쳐 당번 숙직을 하는 밤에 슈타인으로부터 배운

헌법학을 천황에게 진강했다. 이토는 1885년에 신설된 내
각총리대신으로서 궁내대신을 겸하여 천황을 재교육하면서
헌법 기초 작업에 몰두하고 있었다.

대일본제국헌법에서의 천황

대일본제국헌법(일명 메이지헌법)은 1889년 2월 11일 '기원
절'을 기해서 흠정헌법으로 발포(發布)되었다. 메이지헌법은
외견상으로는 입헌군주제의 형태를 취하고 있지만 실제로
는 '만세일계(萬世一系)'의 신화를 근거로 천황주권과 신성불
가침을 법적으로 명시하고 모든 권력을 천황에게 집중시킨
것이었다.

제1조에서 "대일본제국은 만세일계의 천황이 이를 통치
한다"고 한 것은 천황주권을 명시한 것이며, 제3조에서 "천
황은 신성하므로 감히 침범할 수 없다"고 한 것은 천황의 신
성불가침을 명시한 것이었다. 그리고 제4조에서는 "천황은
국가 원수로서 통치권을 총람하고 헌법의 조규에 따라 이를
행한다"고 하여 천황의 통치대권을 명시하고, 제11조에서는
"천황은 육해군을 통수한다"고 하여 천황의 통수대권을 명
시했다. 이 밖에도 천황은 의회의 소집과 해산권, 법률의 재

가·공포 및 시행권, 선전포고·강화·조약체결 등의 모든 권한을 가지며, 또한 긴급시에는 의회를 거치지 않고 칙령을 발포할 수 있는 등 광범위한 대권을 가지게 되었다.

다만 실질적으로는 천황이 직접 국가통치의 대권을 자신의 의지로 발동하는 일은 거의 없었다. 대부분의 경우 제55조의 '국무대신 보필 조항'에 따라 통치기능이 행사되고 있었기 때문에 오히려 천황에게 집중된 권력이 정치적으로 이용될 가능성을 다분히 안고 있었다. 특히 제11조의 '통수대권'은 군부가 이를 방패로 정부와 의회를 무시하고 폭주하여 침략전쟁에 돌입하는 중요한 요인이 되었다. 제11조 천황의 '통수대권'은 대일본제국의 패망을 가져오는 독소조항이었다.

한편 헌법 공포로 전국이 축제적인 분위기에 휩싸였다. 메이지 정부를 거세게 비판하던 자유민권파조차 모든 권력이 천황에게 집중된 헌법에 대하여 아무런 비판도 하지 않았다. 자유민권파가 이미 싸울 의지를 잃고 있었기 때문이기도 하지만 한편으로는 자유민권운동 속에 공화제 사상이 결여되어 있었던 것도 하나의 한계였다. 자유민권운동에서 공화제 사상이 전혀 없었던 것은 아니지만 자유민권파 전체에서 볼 때 극소수에 불과했다. 대부분의 민권파는 천황의 존재를 자명한 전제로 입헌군주제를 지지하고 있었던 것이다.

심지어 '동양의 루소'로 불린 나카에 조민(中江兆民)조차도 대일본제국헌법에 대하여 비판하지 않았다.

메이지헌법에서 모든 권력이 천황에게 집중되었음에도 불구하고 메이지 천황은 헌법의 틀 안에 갇혀 고립무원의 상태가 되었다. 천황친정운동을 주도적으로 추진하던 모토다와 요시이 등의 근신들도 잇달아 세상을 떠나고 남은 것은 사사키밖에 없었다. 하지만 그조차 이미 정계를 떠난 지 10년이 넘었다. 아스카이의 말처럼 천황은 이토·이노우에에 의해 밀실에 갇혔다. 이노우에는 가끔 참내하여 의회의 정황을 설명했지만 그것은 엄밀하게 말하면 '내주(內奏)'가 아닌 '밀주(密奏)'였다. 밀실에 갇힌 천황은 메이지 천황의 '실상'이며 헌법상의 천황은 메이지 천황의 '허상'이었다.

교육칙어

메이지헌법 제2장에는 '신민(臣民)권리의무'가 한정적이나마 명시되어 있었다. 그러나 당시로써는 인민이 '권리'를 지나치게 주장하여 사회혼란을 초래해서는 안 된다는 인식이 적지 않았다. 여기서 방자한 '신민의 권리'를 제어하기 위한 방안으로 창출된 것이 '교육칙어'였다. 교육칙어는 근대 천황제 이데올로기의 '바이블'이라고 할 정도로 신민들의 정신을 속박하고 천황에 대한 충성을 유도하는 데 중요한 역할을 하는 것이었다.

교육칙어는 처음부터 천황의 의향이 상당히 반영된 것으로 전해지고 있지만 실은 모토다의 영향이 더 컸다고 할 수 있다. 모토다는 일찍부터 문명개화 이후 서구의 신지식을 도입하여 일본의 근대화를 최우선으로 하는 정부의 국민 교육 방침에 부정적이었다.

모토다는 유교적인 도덕교육을 중시하는 기본 인식을 바탕으로 1890년 교육칙어를 기초할 때 깊이 관여했다. 교육칙어의 문안은 이토의 측근 이오누에 고와시(井上毅)가 작성하고 여기에 모토다가 수정을 가하여 수차례의 퇴고를 거듭한 끝에 완성되었다.

교육칙어의 내용은 크게 세 단락으로 구성되어 있다. 첫 단락에서는 고대 신화에 의거하여 황조신 아마데라스 오미가미와 제1대 진무 천황에서 이어지는 '만세일계'의 천황이 통치하는 신성한 국가라는 의미의 '국체'를 교육의 근본이라고 설명하고 있다. 두 번째 단락에서는 신민이 지켜야 할 가족적·개인적·사회국가적 도덕의 제반 덕목을 열거하여 국가에 대한 헌신적인 자세를 요구하고 있으며, 세 번째 단락에서는 이러한 것들이 보편적인 진리라는 점을 강조하고 있다. 여기서 가장 핵심이 되는 부분은 두 번째 단락의 다음과 같은 내용이다.

> 만일 국가가 위태로울 때는 대의에 의거하여 용기를 다해 일신을 바쳐 황실국가를 위해 충성을 다하도록 하라. 이로써 천지와 함께 영원무궁한 황운을 지켜야 한다. 이렇게 하는 것은 오로지 짐의 충량한 신민일 뿐만 아니라 또한 이로써 너희 조상이 남긴 미풍을 빛내기에 족할 것이다. (후략)

교육칙어는 1890년 10월 24일 천황의 재가를 얻고 30일 발포 직후 전국의 학교에 배부되어 '어진영(御眞影: 천황의 초상 사진)'과 함께 천황과 동격으로 신성시되었다. 교육칙어를 하사받은 각 학교에서는 교장선생을 비롯하여 전교직원과 학생들이 모여 봉독식을 거행하도록 했다.

봉독식의 목적은 칙어의 어려운 한문 내용을 아동들에게 이해시키는 것이 주된 목적이 아니었다. 장엄한 분위기 속에서 엄숙하게 진행하는 봉독식 행사를 되풀이함으로써 아동들의 뇌리 속에 자연스럽게 천황에 대한 외경심과 충성심이 배양되도록 하는 것이었다.

어진영

어진영(御眞影)은 천황의 초상사진과 초상화에 존칭을 붙여 사용하는 말이다. 오늘날 가장 일반적으로 전해지는 메이지 천황의 '어진영'은 석 장이 있다. 1872년 전통의상을 입고 정좌하여 찍은 20세 천황의 사진과 1873년 서양 군복을 입고 서양식 의자에 비스듬히 앉아 찍은 21세 천황의 사진, 그리고 1888년 37세의 천황이 서양 황제의 복장으로 왼손에 칼을 잡고 앉은 초상화 사진이다.

앞의 두 사진은 일본인 사진가 우치다 구이치(內田九一)가 찍은 사진이며 후일 화가들이 이 사진을 바탕으로 초상화를 그려 여러 가지 복제품이 나돌게 되었다. 세 번째 사진은 이탈리아 화가 코소네(Edoardo Chiossone)가 그린 초상화로 서양인과 동양인의 얼굴을 조합한 느낌을 주고 있지만 석 장의 사진 가운데 가장 위엄을 갖춘 것으로 평가된다. 전국의 학교에 하사된 것도 이 사진이었다.

천황의 사진을 찍기 시작한 것은 대외적 주권을 상징하는 국가원수의 초상이 필요하게 되었기 때문이다. 1872년 천황이 전통복장을 입고 최초의 초상 사진을 찍은 것은 조약개정 예비교섭을 위해 유럽으로 건너간 이와쿠라가 외교상 국가 원수의 사진을 교환하는 관례가 있다는 것을 알고 궁내

1888년 이탈리아 화가 코소네가 그린 메이지 천황의 초상 사진. 천황의 '어진영'으로 가장 많이 유포된 사진이다.

성에 천황의 사진을 송부하라고 요청해온 데서 비롯되었다. 그러나 전통복장의 초상 사진은 서구와의 외교에서 교환하기에 부적절하다고 판단, 이듬해 우치다가 다시 양장을 입은 천황 사진을 촬영하고 런던에 있던 이와쿠라에게 전했다고 한다.

이후 1888년 코소네가 천황의 초상을 그리기까지 천황은 사진을 찍지 않았다. 메이지 천황이 사진 찍는 것을 싫어했다고도 하지만, 사진을 많이 찍으면 그만큼 천황의 신성이 떨어진다는 인식이 있었기 때문이다. 정부가 1874년부터 천황 사진의 자유 판매와 개인 소유를 엄격하게 금지한 것도 천황의 신성을 해친다고 생각했기 때문이다.

그러나 천황의 사진은 찍은 지 이미 10년 이상이 지나면서 낡았기 때문에 외교적 교환에 적합하지 않았다. 게다가 천황도 30대 중반이 지나면서 나이에 어울리는 새로운 초상 사진이 필요했다. 때마침 헌법제정을 앞두고 있는 상황에서 근대국가의 원수다운 모습의 초상사진을 만들어야 했던 것이다.

이에 따라 1888년 궁내대신 히지카타가 코소네에게 초상화를 의뢰했고, 코소네는 천황이 신하들과 식사하는 옆방에서 문틈으로 천황의 얼굴과 자세 및 담소를 나누는 모습을 세세히 그려 이를 바탕으로 초상화를 완성했다. 이 초상화를 촬영해서 배포한 것이 오늘날까지 가장 일반적으로 전해지는 메이지 천황의 '어진영'이다. 코소네가 그린 초상화에 의뢰자가 얼마나 만족했는지, 『메이지 천황기』를 보면 "그 모습은 성스럽고 아름다운 성제(聖帝)의 위용을 당당하게 보여주기에 부족함이 없었다"고 극찬하고 있다.

실제로 이 초상은 메이지 천황의 실제 얼굴과 동떨어져 마치 서양인을 모델로 성형수술을 한 것처럼 보이지만, 근대국가의 이상적인 군주상으로는 더할 나위 없었다. 이상적인 군주상이 만들어진 이상, 초상 사진을 반복해서 만들 필요가 없게 되었다. 다키 고지(多木浩二)의 말처럼 지도자의 초상은 왕성한 기운이 넘치고 위엄과 부드러움으로 가득 찬 것이 일단 만들어지면 그 이상은 필요가 없다. 이제부터는 이상(理想)으로서의 천황상이 역사적인 시간을 초월하게 되는 것이다.

이렇게 만들어진 천황의 '어진영'은 새로운 정치적 상징으로서의 역할을 하게 된다. 처음에는 천황의 측근이나 고급 관료에게 하사되었다. '어진영'을 하사받는 것은 일종의 특권이며, 천황과의 거리 가늠할 수 있는 것이었다.

지방 관청에 대한 '어진영'의 하사는 1873년 6월 나라현(奈良県) 지사 시조 다카도시(四条隆平)가 청원해서 허락한 것이 시작이었다. 청원 사유는 "천황의 사진을 관청에 내걸어 신년이나 천장절 등과 같은 경축일에 현민들이 참배하기를 원해서"였다.

이를 계기로 전국의 각 현청에서도 청원이 잇달아 같은 해 11월에는 모든 지방 관청에 '어진영' 하사가 결정되었다. 1874년 신문기사에는 천장절 등의 축일에 "천황의 사진을 우러러보고 만세를 부르며 참배하는 사람들이 끊이지 않았다"는 내용이 심심치 않게 보인다. 초상 사진 하나가 국민의 천황에 대한 경애심과 숭배심을 심어주는 데 중요한 역할을 하기 시작한 것이다.

1890년 8월에는 요시가와 아키마사(芳川顯正) 문부대신이 어진영을 전국 심상소학교 및 유치원에 배포하여 기원절과 천장절 등의 축일에 교원과 생도들이 경배하도록 하여 충군애국의 정신을 키우자는 취지로 궁내대신 히지카타 히사모토(土方久元)에게 청원하면서 전국학교에도 배포되기 시작했다. 이후 '어진영'은 학교교육에서 교육칙어와 함께 충군애국의 정신을 함양하는 수단으로 정착되었다.

1891년 오쓰(大津)사건

메이지 천황이 중년으로 접어들어 40세가 되는 1891년, 근대천황제가 제도적으로 확립된 이후 최초의 대형 사건이 발생했다. 러시아의 황태자 니콜라이가 일본을 방문했을 때 경비에 임하던 순사가 칼을 뽑고 습격하여 부상을 입힌 것이다. 당시 22세의 니콜라이는 러시아 황제 알렉산드르 3세의 장남으로 후일 로마노프 왕조의 마지막 황제가 되는 니콜라이 2세였다.

사건을 계기로 일본인의 러시아에 대한 공포심이 일거에 표면화되어 나라가 발칵 뒤집혔다. 각 학교에서는 임시 휴교로 근신의 뜻을 표하고 전국의 신사·사원·교회 등에서는 대규모의 쾌유 기도가 거행되었다. 심지어 환락가에도 영향을 미쳐 요시와라를 비롯한 각지의 유곽은 음곡(吟曲)을 금지하고 자숙했다.

황태자의 방문에 대해서는 도착하기 전부터 갖가지 억측이 나돌았다. 유람은 표면적인 구실이며 실제로는 장래에 무력점령을 노리고 일본의 군비를 살피는 것이 목적이라는 소문도 나돌았다. 그러나 러시아 황태자 일행은 일본의 불안은 전혀 안중에도 없이 군함 7척을 거느리고 5월 4일 나가사키에 입항했다. 이후 가고시마에서 여흥을 즐기고, 고베·교토를 경유하여 11일 비와호(琵琶湖)를 관광하기 위해 시가현 오쓰를 지나갈 때였다.

당시 오쓰의 주재소에 근무하던 순사 쓰다 산조(津田三蔵)는 러시아에 대한 증오와 반감을 가지고 있던 인물로 연도의 경비를 서고 있다가 황태자 일행이 인력거를 타고 지나는 순간 칼을 뽑고 습격하여 황태자에게 부상을 입혔다. 쓰다는 황태자 주변의 수행원들에 의해 제압되어 포박당했다. 쓰다는 범행 동기에 대하여 황태자가 먼저 천황에게 예를 하지 않고 관광을 즐기는 것은 '대역무례(大逆無禮)'한 행위이며, 러시아가 일본을 가로채려는 야심을 품고 있기 때문에 국가를 지키기 위해 부득이하게 한 일이라고 진술했다. 그러나 결과는 쓰다의 생각과 달리 오히려 일본에 국난을 초래했다.

소식을 접한 당시 마쓰카타 마사요시(松方正義) 내각은 성립한 지 5일밖에 지나지 않았다. 각료회의에서 수상은 깜짝 놀라 어찌할 바를 모르고 있었다. 최고 실력자 이토는 격노할 뿐이었다. 야마가타를 비롯한 대부분의 각료들은 아무 말도 못 하고 허탈상태에 빠져 있었다. 심지어 야마다 아키요시(山田顯義) 법무상은 규슈까지는 아니더라도 최소한 지시마(千島) 정도는 러시아에 뺏길 각오를 해야 한다는 비관적인 발언까지 했다. 각의가 혼란에 빠져 수습을 못 하고 있을 때 정부의 지혜주머니로 알려진 이토 미요지(伊東巳代治)의 마지막 제안으로 쓰다를 미친 사람으로 처리하는 방침이 정해졌다.

그 후 황거(皇居)에서 열린 어전회의에서 갖가지 논의가 거듭되었지만 결국은 일본의 대표로서 천황이 직접 찾아가서 사죄하는 수밖에 없다는 결론이 나왔다. 당시 일본으로서는 러시아가 부당할 정도의 요구를 해올 경우 이를 거부할 만한 힘도 없었다. 천황은 니콜라이의 쾌유를 기원하는 전보를 보내고 병문안을 위해 직접 교토로 향했다. 그리고 니콜라이가 귀국을 위해 고베항으로 향할 때 천황이 직접 전송했다. 이때 천황은 니콜라이의 초대로 고베항에 정박해 있는 러시아 군함의 함상에서 회식을 함께 했다.

메이지 천황에 대한 전기 작품의 대부분은 당시 천황의

이러한 대응을 높이 평가하고 있다.

예를 들면 니콜라이가 귀국하기 직전 함선에 천황을 초대했을 때 측근은 그대로 천황을 납치해서 가는 것이 아닐까 불안해했지만, 천황이 자발적으로 초대에 응하겠다는 의사를 표했다는 것이다. 그러나 이러한 천황의 행동이 자신의 자발적인 판단에 따른 것인지, 아니면 정부와 측근의 권유에 따른 것인지 분명하지 않다. 오히려 천황의 수동적인 자세를 능동적인 군주로 바꿔치기한 느낌을 준다.

다만 천황 본인의 의사가 아니라고 하더라도 이 사건에서 보여준 천황의 행동은 '실상'과 '허상'이 가까워지는 계기가 되었다. 천황의 위로 방문과 사과로 니콜라이는 불쾌감을 털어내고 귀국할 수 있었으며, 일본은 러시아에 대한 불안감을 털어낼 수 있었던 것이다.

여담이지만 쓰다가 범행을 저지른 또 한 가지 이유가 있었다. 앞서 보았듯이 사이고 다카모리가 살아서 러시아 황태자와 함께 귀환했다는 소문 때문이었다. 세이난전쟁에 종군하여 공을 세운 쓰다는 사이고의 귀환을 환영할 수 없었다. 자신이 세운 공로를 박탈당할지도 모른다는 불안감 때문이었다. 그의 동생의 증언에 따르면 실제로 그렇게 생각했다고 한다. 쓰다는 무기징역을 선고 받고 홋카이도의 형무소에 수감되었다가 그해 9월 폐렴으로 사망했다.

메이지 천황의 정치 자세

메이지 천황은 장년에 접어들면서 자신이 일본의 천황이라는 것을 충분히 자각하게 되었다. 술을 즐겼다는 증언은 많지만 그것으로 인하여 정무를 소홀히 했다는 기록이나 증언은 없다. 집무에 대한 의무감이 강해서 국사를 소홀히 하는 경우는 없었다. 그것은 유신 원훈들과 시강·시종·시보 등 측근들의 군덕 함양을 위한 노력의 성과이기도 했다.

30대 이후 메이지 천황의 정치 자세에서 가장 특징적인 것은 자신의 의사를 주장하지 않고 정부에서 내린 결정 사항을 지지하고 협력했다는 점이다. 메이지 천황이 세이난전쟁에서 정무를 거부한 것은 그만큼 사이고에 대한 애착이 있었고, 20대 중반의 젊은 혈기에서 자신의 무력함에 대한 분노 때문이기도 할 것이다.

그러나 이후 천황은 정치적으로 성장하면서 정부의 정책 결정사항을 지지하고 협력하게 된다. 물론 천황이 내각의 인사에 개입하거나, 내각의 결정 사항에 납득이 가지 않으면 불만을 표하는 경우도 있지만 끝까지 고집을 피워 내각이 결정한 사항을 번복시키는 일은 없었다. 천황은 정부의 결정에 대하여 이의를 제기하지 않고 이를 지지하고 협력하는 것이 곧 메이지헌법하에서의 자신의 역할이라고 생각하고 국가의 중심으로서의 강한 의무감을 가지고 있었을 것이다.

역대 천황이 마음에 새기는 가장 중요한 것은 황실의 조상에 대하여 누를 끼쳐서는 안 된다는 것이었다. 고메이 천황이 지나칠 정도로 '양이'를 고집한 것도 바로 황실에 누를 끼치는 일이 있어서는 안 된다는 신념을 가지고 있었기 때문이다. 메이지 천황 역시 천황으로서 조상에 대하여 부끄러운 일을 해서는 안 된다. 만약 그것에 등지는 행위를 한다면 자신만의 죄에 그치지 않고 역대 황실 전체에 누를 끼친다고 생각하고 있었을 것이다.

메이지 천황의 정치 자세에서 보이는 또 하나의 특징은 어느 한쪽에 편파적으로 치우치지 않는 입장을 견지했다는 점이다. 천황은 성장하는 과정에서 토막파와 막부의 충돌과 내전, '정한론' 분열과 세이난전쟁, 시보와 내각의 대립, 의회 개설 이후 정부와 야당의 대립 등을 목격하고 군덕 함양의 수련 과정에서 상반되는 사안에 대해서는 절충과 분업이 중요하다는 것을 점차 깨닫게 되었을 것이다.

어느 쪽에도 치우치지 않는 정치 자세를 치세의 기본 방침으로 성공시키기 위해서는 자신에게 극도의 자제심이 요구되었다. 노골적으로 본심을 드러내거나 어느 한쪽의 의견에 공명하는 것은 삼가야 했다. 시종장 히가시쿠제 미치토미(東久世通禧)가 천황에게 간언했다는 다음과 같은 말은 군주가 신하를 대할 때 가져야 할 기본적인 자세를 적절하게 표현한 것이었다.

천황의 도량은 헤아릴 수 없는 것이 좋다고 합니다. 함부로 시신들은 꾸짖으면 오히려 자신의 본심을 상대가 알아차리게 됩니다. 천자의 직분은 만민에 임하는 것에 있으며 도량이 끝없이 넓어야 합니다.

천황은 정치적으로 성장하면서 다수의 의견을 고려하여 타협점을 찾으려고 노력했으며 그 결과는 자신의 감정 억제로 나타났다. 천황도 인간이기에 자기가 좋아하는 사람이 있으면 싫어하는 사람도 있을 터다. 그러나 천황이 자신의 생각을 당사자 앞에서 내색하는 일은 없었다.

메이지 천황의 인물평

1892년 3월 19일 천황의 측근 사사키 다카유키는 천황과의 담화를 자신의 일기에 다음과 같이 적고 있다.

시나가와(品川彌二郎: 당시 내무대신)는 정직하지만 마음이 좁고 인내심이 없으며 회의 중에 분개하여 우는 등 사리를 분별하지 못하는 경우가 많다. 최근 이토가 선거에 대하여 미심쩍은 점을 다그치면서 선거간섭을 비난했을 때 시나가와는 크게 흥분하여… 서로 욕하며 싸우더라.

사사키는 천황이 자신의 속마음을 털어놓는 몇 안 되는 측근 중의 한 사람이었다. 이 부분은 사사키가 자기 생각을 적은 것이 아니고 천황에게서 직접 들은 말을 옮겨 적은 것으로 보아도 무방할 것이다. 이를 통해서도 천황은 각료회의에 출석하여 발언은 하지 않지만 각료들의 응수를 시종일관 유심히 지켜보고 있었다는 것을 알 수 있다.

천황은 정치적인 발언을 삼가고 정치적인 결단에 개입하지 않았지만 정치인들의 성격이나 인품은 나름대로 세밀하게 관찰하고 있었다. 예를 들면 마쓰카타 마사요시는 성실하지만 무능하다거나, 이토에 대해서는 "재능은 있지만 때때로 변절이 있어 언제까지 통할지 모른다", 야마가타는 "성급하고 금방 화를 내기 쉽다"는 등의 날카로운 촌평을 하고 있다. 군덕 함양을 통해서 사람을 보는 눈을 몸에 익힌 것으로 보인다.

실제로 천황은 나름대로 좋아하는 사람과 싫어하는 사람이 있었지만 내색은 하지 않았다. 천황이 좋아했던 상대는 산조 사네토미·이와쿠라 도모미·사이고 다카모리·오쿠보 도시미치·모토다 나가자네·사사키 다카유키·노기 마레스케 그리고 이토 히로부미 등이었다. 이와쿠라와 산조가 병으로 쓰러졌을 때에는 천황이 직접 병문안을 가기도 했다. 1883년 7월 20일 이와쿠라가 사망했을 때 천황은 크게 슬퍼하며 태정대신의 지위를 추증하고 다음과 같은 말을 했다고 『메이지 천황기』는 전하고 있다.

　　짐은 어려서 천황이 되어 오로지 이와쿠라를 의지했다. 이와쿠라는 짐의 마음에 지혜를 불어넣고 짐은 그 가르침을 흡수했다. 그 상냥함에 있어서 이와쿠라는 아버지와 같은 존재였다. 하늘은 감히 이와쿠라를 이 세상에 남기지 않았다. 이 슬픔을 어찌 견딜 수가 있을까.

　『메이지 천황기』에 천황의 감정이 이렇게 직접적으로 기술된 것은 아주 드문 일이다. 이와쿠라는 고메이 천황을 독살한 장본인으로 지목되기도 하는 인물이다. 그럼에도 메이지 천황은 이와쿠라에게 의지하고 또한 신뢰하고 있었던 것이다.

　이토는 '변절하기 쉽다'고 했지만 그래도 역시 오쿠보 사후 최고 실력자로서 명석한 두뇌의 이토를 무시할 수 없었을 것이다. 모토다와 사사키는 천황의 스승이자 상담역이었다. 사사키의 일기를 보면 천황이 미묘한 감정문제까지도 상담한 것을 알 수 있다.

천황이 싫어하는 상대는 야마가타 아리토모·구로다 기요타카가 대표적이었다. 야마가타는 묘하게 잘난 척하는 권력자적인 태도가 천황의 마음에 들지 않았다. 러일전쟁 당시 야마가타가 천황을 알현하고 있을 때 이토가 뒤를 이어 들어왔다. 당시 이토와 사사건건 대립하고 있던 야마가타는 이토를 보더니 천황에게 "폐하, 다카우지가 왔습니다"라고 말했다. '다카우지'는 고다이고 천황의 건무중흥을 도왔지만 이내 천황에게 등을 돌리고 아시카가(足利) 막부를 세운 아시카가 다카우지(足利尊氏)를 말한다. 야마가타는 이토를 '역적'이라고 비꼬아 이렇게 말했을 것이다. 그러나 천황이 그 말을 듣고 기분 좋았을 리가 없을 것이다.

구로다는 홋카이도 개척사 장관으로 있을 때 관유물을 동향인에게 염가로 제공하여 물의를 일으킨 인물이다. 더구나 구로다는 술을 마시면 행패를 부리는 주벽으로도 유명했다. 술에 취한 채 대포를 쏘아 사망자를 내는 사건을 일으키기도 하고, 술에 취해 첫째 부인을 칼로 쳐 죽였다는 의혹도 받았지만 당시 동향 출신의 실권자 오쿠보가 이를 막아주었다는 것은 세상이 아는 사실이다. 도덕적인 훈육을 받고 성장한 천황이 이런 인물을 좋아할 리가 없을 것이다.

그러나 천황은 자신의 지위와 역할을 알고 있었기에 이들에 대하여 내색을 하거나 물리치지는 않았다. 자신의 감정을 함부로 드러내지 않는 것은 메이지 천황의 성격의 특징이며, 이는 부왕 고메이 천황과도 커다란 차이점이었다. 막말의 동란기에 태어나 일찍이 부왕을 잃고 정치적 격동을 겪으면서 나름대로 천황으로서 가져야 할 처세술을 익히고 있었다고 할 수 있을 것이다.

제6장 천황의 군대

징병고유와 군인훈계

『메이지 천황기』에도 기록되어 있듯이 천황은 유신 초기부터 거의 매일같이 승마를 연습했다. 1872년에는 천황이 직접 호령하여 군대를 지휘하는 훈련도 시작되었다. 사이고가 고향의 숙부에게 보낸 편지에도 "반드시 대대를 친히 인솔하시어 대원수는 몸소 지휘하는 것을 보이신다고 하니 무엇보다 황송하고 고마울 따름"이라 하여 군대를 통솔하는 대원수로서의 천황에 기대를 걸고 있었다. 군대를 친히 통솔하는 천황의 이미지는 이윽고 1882년 1월 '군인칙유'의 발포로 언어화되었다.

군인칙유가 나오기까지의 과정은 먼저 '징병고유'와 '군인훈계'부터 살펴볼 필요가 있다. 메이지유신 직후 오무라 마스지로(大村益次郎)와 야마가타 아리토모에 의해 국민개병의 원칙에 입각한 징병제도가 추진되어 1872년 징병고유가 발포되었다. 이 단계에서는 사민평등을 표방하면서도 신분과 재산에 의한 면제 규정이 있었다.

아직도 신분제도의 잔재가 남아 있는 상황에서 대다수 농민을 대상으로 한 징병고유는 "심신을 다하여 국가에 보답하라. 서양인은 이를 혈세(血稅)라 한다. 피로 국가에 충성을 다한다는 의미다"라고 하여 국민의 의무를 강조한 것이었다. 이것이 무지한 농민들에게 서양인이 사람의 피를 구하기 위해 정부를 시켜 손에 넣으려 한다고 오해되어 '혈세봉기'가 발생한 것은 잘 알려진 사실이다.

의무만 있고 권리가 없는 병역의 모순은 1878년 근위포병들이 일으킨 '다케하시(竹橋) 사건'으로 폭발했다. 반란의 동기는 세이난전쟁 이후 재정 삭감으로 인한 논공행상에 대한 불평과 신분과 재산에 따른 징병 면제에 대한 불만 때문이었다. 천황의 직속병사들이 반란을 일으킨 것은 권력에서 볼 때 최대의 위기였다. 세이난전쟁 반란군 4만 명 가운데 참수에 처한 것은 20여 명에 불과한 데 비하여 다케하시 사건은

200여 명의 반란자 가운데 53명이 참수되었다. 그만큼 정부가 이 사건을 위험시했기 때문이다.

다케하시 사건을 계기로 육군경 야마가타는 군이 위기 상태에 있다고 느끼고 '군인훈계'를 기초하여 육군의 각 중대에 1부씩 배포하도록 했다.

지금 우리 육군은 실로 성장하는 소년과 같다. 외형의 강장(强壯)은 이미 단서를 열었지만 내부의 정신은 아직도 충실을 보지 못했다. 군인의 정신은 무엇으로 이를 유지하는가 하면, 충실·용감·복종의 세 가지 약속에 지나지 않는다. …조정을 시비하고 헌법을 사의(私議)하며 정부의 포고와 제반 규칙을 헐뜯는 등의 거동은 군인의 본분에 어긋나는 것으로… 부하로서는 그 상관의 명령하는 바를 부조리하다고 생각하더라도 결코 이에 대하여 공경봉대(恭敬奉戴)의 충절을 잃어서는 안 된다.

상관의 부조리에 대해서도 절대 복종하라는 논리는 이후 군인칙유에서 천황의 명령으로까지 확대되어 근대 일본군의 '부조리'를 양산하는 온상이 되었다.

군인칙유

 '메이지 14년 정변' 직후인 1882년 1월 4일 메이지 천황은 일본 육해군에 대하여 '군인칙유(軍人勅諭)'를 하사했다. 니시 아마네(西周)가 기초하고 후쿠치 겐이치로(福地源一郎)·이노우에 고와시 그리고 야마가타가 가필 정정하여 완성된 것이다. 천황이 직접 작성한 것이 아니지만 그 내용을 통해서 천황이 성장했다는 것을 알 수 있다. 예를 들면 메이지 천황이 16세 당시 발포한 '5개조 서문'에서는 "짐은 유약한 나이에 대통을 이어받아"로 시작하고 있지만 군인칙유에서는 "짐은 너희 군인의 대원수다"라고 당당하게 선언하고 있는 것이다.

 군인칙유는 4년 전의 군인훈계와 크게 다르다. 군인훈계는 정부 기구의 일원인 육군경이 집필하여 육군 각 중대마다 1부씩 배포되었지만 군인칙유는 천황의 이름으로 하사되었고 군인수첩 맨 첫 장에 인쇄되어 대일본제국의 패망에 이르기까지 일본 육해군 전원이 총 2,700자에 이르는 전문을 암송하고 받들게 하는 사슬이 되었다.

 군인칙유에서는 충절·예의·무용·신의·검소 등 5개 항목의 훈령 열거하고 있는데, 여기서 주목해야 할 것은 둘째 항목의 다음과 같은 내용이다.

군인은 예의를 바르게 하라. 하급자가 상관의 명을 받드는 것은 곧 짐의 명령을 받드는 것이라 명심하라. 반대로 상급자는 하급자에 대하여 경멸하거나 오만한 행동을 해서는 안 된다. 친절하고 자애로운 마음으로 대하며 상하 일치해서 왕사(王事)에 힘쓰라.

여기서 후반부에 "상급자는 하급자에 대하여 경멸하거나 오만한 행동을 해서는 안 된다. 친절하고 자애로운 마음으로 대하라"는 부분은 빠지고 상관의 명령을 짐의 명령으로 생각하고 절대 복종하라고 한 앞부분만이 확대 해석되어 군대 생활에서 비인도적인 잔학행위를 정당화하는 구실이 되었다. 천황에 대한 충절과 상관에 대한 복종을 일체화함으로써 군기와 복종을 합리화한 것이다.

실제로 근대 일본군의 실태를 보면 천황에 대한 충절의 강조는 하급자에 대한 상관의 횡포와 인간성 무시를 초래하여 갖가지 구타·고문·모욕·징벌 등이 자행되었다.

이와 같이 가혹한 군기와 절대적인 복종의 강요는 이후 대외 침략에서 일본군의 민간인에 대한 무자비한 약탈과 학살로 이어졌다.

청일전쟁과 메이지 천황

청일전쟁 당시 일본은 대본영(大本營: 최고통수기관)을 히로시마에 두었다. 이유는 도쿄보다 조선에 더 가까우며 히로시마항에 조선으로 출병하는 주력부대인 제5사단이 있었기 때문이다. 43세의 중년이 된 천황은 1894년 9월 히로시마 대본영에서 7개월간 체재하면서 군의 작전과 지휘에 관해서는 일절 관여하지 않았다.

청일전쟁과 러일전쟁에 관한 연구는 무수하게 많다. 하지만 전쟁에서 천황이 어떤 역할을 했는지에 관한 연구가 거의 없는 것은 천황이 전쟁을 주도한 것이 아니었기 때문이다. 단지 군 통수권자인 '대원수'로서 천황이 거기 있다는 것만으로도 의미를 가지는 것이었고, 메이지 천황도 그것이 자신의 의무라고 생각하고 있었다. 천황이 히로시마의 대본영이 있다는 것만으로도 국민의 전쟁 지지를 이끌어내기에 충분한 효과를 가지는 것이었다.

히로시마 대본영에서 천황의 생활은 매우 간소했다는 '미담'으로 전해지고 있다. 대본영의 사단 사령부는 조잡한 페인트를 칠한 목조건물이었고 그 안에 천황의 주거가 있었다. 거실과 침실을 겸한 한 칸짜리 방과 작은 탈의실 그리고 회의실이 전부였다. 오전 7시 기상, 침대를 정리한 후 거실이

1895년 청일전쟁 당시 히로시마 대본영에서 참모차장의 보고를 받고 있는 천황의 모습(메이지성덕기념회화관 60번째 그림).

된 방에 테이블과 의자를 가져와 조식을 마치고 군복으로 갈아입은 후 오전 9시부터 군사회의에서 각 방면의 전황을 보고받는 일상의 반복이었다. 천황은 전황 보고를 받을 때는 반드시 군복을 착용했다. 전쟁의 최고지도자라는 것을 의식하고 있었던 것이다.

또한 천황은 전쟁터의 병사를 생각해서 스스로 검소한 생활을 고집했다고 한다. 당시 궁내성의 한 관원이 천황이 휴식을 취하기 위해서는 안락의자를 준비하는 편이 좋겠다고 건의했지만 천황은 "전쟁에 나간 병사들에게 안락의자가 구비되어 있는가?" 하고 거부했다는 일화가 전해진다. 겨울을 지나면서 42조 다다미방에 두 개의 난로를 두는 이상을 천황은 허락하지 않았다고도 한다.

이러한 '미담'은 메이지 천황이 얼마나 검소한 생활을 했는지를 전해주는 데 목적이 있는 것이 아니라 천황이 국가의 사활이 걸린 대외전쟁에서 얼마나 국민통합에 구심적인 역할을 했는지를 강조하는 데 있다. 그런데 청일전쟁과 메이지 천황의 관계를 생각할 때 또 하나의 '신화'에 주목하지 않을 수 없다. 천황은 청국과의 전쟁을 원치 않았다는 것이다. 『메이지 천황기』의 1894년 8월 11일조를 보면 선전조서(宣戰詔書) 공포 직후 궁내대신 히지카타가 이세신궁 및 선제의 능에 칙사 파견을 타진했을 때 천황은 다음과 같은 뜻밖의 말을 한다.

그럴 필요는 없다. 이번 전쟁은 원래 짐의 뜻이 아니다. 각료들이 전쟁이 부득이하다고 상주했기 때문에 이를 허락했을 뿐이다. 이를 신궁 및 선제릉에 아뢴다는 것은 짐으로서는 심히 괴로운 일이다.

히지카타가 의외의 말을 듣고 깜짝 놀라 "이미 선전의 조칙을 재가하시고서 이제 와서 그런 말씀을 하시는 것은 잘

못된 일이 아닌가요?" 하고 간언하다가 역린으로 퇴출당했다. 히지카타가 집으로 돌아와 잠도 못 자고 전전긍긍하고 있을 때 이튿날 시종장이 찾아와 속히 칙사를 인선하여 바치라는 '성지'를 전해왔다. 히지카타는 황급히 입궐하여 인선을 보고하고 그 자리에서 재가를 얻었다.

하룻밤 사이에 천황이 변덕을 부린 것으로밖에 보이지 않는데, 그 이유가 무엇인지는 알 수가 없다. 도널드 킨은 이에 대하여 여러 가지 이유를 나열하고 있다. 아마도 천황은 전쟁으로 여러 외국의 간섭을 불러와 그것이 일본에 해가 될 것을 우려했을 것이다. 또는 많은 일본인이 죽게 될 것이라는 생각에 견딜 수 없을 것이라든가, 일본이 도저히 청나라를 상대로 이길 수 없다고 생각했을지도 모른다. 아니면 유교적인 도덕 교육을 받아온 천황으로서는 성인의 나라 중국과의 전쟁이 달갑지 않았는지도 모른다는 등, 모두 상상력을 동원해서 유추하고 있을 뿐이다.

그러나 분명한 것은 각료들의 결정사항에 대하여 천황이 내심 불만이 있어도 이를 내색하지 않고 재가하는 정치 자세는 일관하고 있었다는 점이다. 궁내대신은 천황의 바깥 살림을 보는 최측근이기에 화를 내고 퇴출시켰지만 하룻밤을 곰곰이 생각한 끝에 이미 돌이킬 수 없다는 것을 알고 자신의 생각을 번복했을 것이다. 그렇다고 이를 가지고 천황은 평화주의자였다고 설명하는 것은 지나친 미화가 아닐까. 혹은 중년이 되어서도 여전히 자신이 무력하다는 사실에 화가 치밀었을지도 모른다.

이후 천황은 청일전쟁이 끝날 때까지 일본군의 사기를 진작시키고 격려하는 자신의 역할을 충분히 수행했다. 예를 들면 천황은 평양을 함락했다는 보고를 받고 병사들의 충성과 용기를 치하하는 칙어를 내렸으며 전보로 천황의 칙어를 받은 제5사단장은 "장교와 하사관, 병졸 모두가 감읍하여 더욱 분전, 죽음으로 성은에 보답하기를 선서했습니다"라고 봉답했다.

천황은 또한 '성환 전투' '황해 대첩' '평양 대첩' 등의 군가를 만들었으며, '성환 전투'의 다음과 같은 가사는 『메이지 천황기』에도 실려 있는데, 9월 26일 만찬에서는 여기에 가락을 붙여 육군 군악대가 연주하기도 했다.

우리 용맹한 용사들은 피아의 시체를 넘고 넘어
용맹하게 나아간다. 여기는 아산의 본영(후략)

이와 같이 천황이 대본영에 체재하면서 병사들을 격려한 것은 병사들의 투절한 애국심과 천황에 대한 충성심을 이끌어내는 데 중요한 역할을 하고 있었다. 1895년 3월 20일 시모노세키조약으로 청일전쟁은 종결되었다. 천황은 교토를 거쳐 5월 5일 수도 도쿄에 도착하여 국민들의 열광적인 환영을 받으면서 황궁으로 돌아갔다. 천황은 청일전쟁에서 충분히 자신의 역할을 수행한 것이다.

러일전쟁과 메이지 천황

일본은 전쟁에서 승리하여 조선에 대한 권익을 확보하고 거액의 배상금과 요동반도를 차지했지만 러시아를 비롯한 독일·프랑스의 삼국간섭으로 요동반도를 반환하지 않을 수 없었다. 간섭을 거부하면 3국과 전쟁을 각오해야 했지만 당시 일본에는 그만큼의 여력이 없었다. 결국 일본 정부는 1895년 5월 10일 천황의 칙어를 통하여 요동반도 반환을 발표했다.

삼국간섭을 주도한 러시아가 3년 후에 요동반도를 25년 간 조차하는 조건으로 차지했다는 사실이 알려지자 일본은 러시아에 대하여 강한 적개심을 느꼈다. 이때 새겨진 러시아에 대한 '와신상담'의 구호는 이후 러일전쟁에 대한 국민적인 지지에 중요한 토양이 되었다.

그러나 1902년까지도 일본은 러시아를 상대로 전쟁을 할 수 있는 상황이 아니었다. 하지만 1903년부터 대러시아 강경론이 급속하게 확산되기 시작했다. 재야의 언론은 삼국간섭의 기억을 되살리면서 러시아에 대한 적개심을 격렬하게 부추겼다. 일본 정부에서도 이토는 러시아와 타협을 강조했지만 원로 야마가타와 수상 가쓰라 다로가 영국과 동맹을 맺고 러시아에 대한 강경책을 주장하면서 러시아와의 충돌은 불가피한 상황이 되었다.

1904년 2월 3일 가쓰라 내각이 개전 불가피의 결정을 내리고 천황의 마지막 재가를 주청했다. 이를 받아 이튿날 어전회의가 저녁까지 계속된 결과 개전이 결정되었다. 이후 2월 6일 러시아와 국교를 단절하고 2월 10일 선전포고의 조칙을 발포하게 된다. 물론 이 문장도 천황이 직접 작성한 것이 아니다.

하늘의 도움으로 만세일계의 황통을 가지는 대일본국 황제는 충실 용무한 너희 백성에게 제시하노라. 짐은 여기에 러시아에 대하여 전쟁을 선포하노라.

『메이지 천황기』에는 당시 천황의 심정을 다음과 같이 기록하면서 잠 못 이루는 밤이 이어졌다고 한다.

이번 전쟁은 짐의 뜻이 아니다. 그러나 사태가 이미 여기까지 이르러 이제 어떻게 할 수가 없다. …사태가 만에 하나 차질을 빚으면 짐은 무엇으로 조종에 사죄하고 신민을 대할 수 있을까 하고 이내 눈물을 흘렸다.

자신의 의지가 아니지만 정부가 결정한 사항에 대해서는 이를 지지하고 협력하는 것은 청일전쟁 당시와 마찬가지였다. 다만 전쟁의 성패에 대한 전망이 청일전쟁에 비하여 더욱 불투명했고 그만큼 천황의 우려가 컸다는 것을 나타내고 있다.

그러나 일단 전쟁이 시작되면서 천황은 10년 전과 다름없이 일절 작전과 지휘에 관여하지 않으면서 자신의 역할을 다했다. 다만 청일전쟁에서는 히로시마 대본영까지 갔지만 러일전쟁에서는 황거에 머물렀을 뿐으로 검소한 생활과 규칙적인 집무에는 변화가 없었다. 전쟁터의 병사를 염려하는 '미담'도 변함이 없었다. 다른 변화가 있다면 10년 전보다 더욱 성숙한 모습을 보였다는 점일 것이다.

1904년 5월 러일전쟁의 서전에서 일본군은 4척의 군함이 랴오둥반도 뤼순 앞바다에서 격침되어 심한 타격을 입었다. 선후책을 마련하기 위해 황거에서 열린 어전회의의 분위기는 침통했다. 군복 차림으로 임석한 53세의 천황은 군령부장으로부터의 피해 보고를 받으면서 태연자약한 모습을 보여 주위를 놀라게 했다. 1905년 1월 엄청난 희생을 치르면서 뤼순이 함락했을 때도 보고를 받은 천황은 미동도 하지 않았다고 한다.

5월에는 동해 해전에서 연합함대가 극적인 승리를 거두었을 때 군 당국은 환호했다. 천황이 임석하기 전부터 이미 모여 있던 각료와 군 수뇌는 이토의 발안으로 포도주로 건배하고 승리를 축하했다. 그러나 작년과 같은 군복 차림으로 나타난 천황은 승리의 보고를 받고도 전혀 감정의 변화를 보이지 않았다고 한다.

천황은 50고개를 넘으면서 이제까지 쌓아온 군덕 함양의 수업과 자기 수양을 통하여 기쁨이나 불안한 감정을 가볍게 나타내지 않고 침착하게 사태에 대처하는 자세를 체득하고 군주로서의 품격을 보일 정도의 경지에 도달해 있었다.

제7장 메이지의 종언

만년의 메이지 천황

메이지 천황의 당뇨병이 발견된 것은 러일전쟁이 한창인 1904년이었다. 인슐린이 발견되어 실용화될 때까지 당뇨는 불치병이었다. 천황의 병은 전쟁 중이었기 때문에 극비에 부쳐졌다. 1906년 당뇨는 이윽고 만성신장염의 합병증을 낳았다. 애주가 천황은 자신의 병을 모르고 술을 계속 마셨다. 측근이 사케 대신 프랑스제 백포도주로 바꿀 정도였다. 천황의 건강이 날로 악화되는 가운데 한 시대를 마감하는 증상이 곳곳에서 일어나고 있었다.

러일전쟁에서 승리한 일본은 제국주의 대열에 나란히 서게 되었지만 국내에서는 사회주의 운동이 확산되면서 또 다른 불안의 씨를 키우고 있었다. 이윽고 1910년 5월에는 아나키스트들이 천황 암살을 모의했다는 혐의로 대거 검거되는 '대역사건'이 발생했다. 1911년 1월 18일 고도쿠 슈스이(幸德秋水)를 비롯한 공모자 24명이 정부의 날조된 혐의로 사형을 선고받았다. 이후 12명은 무기징역으로 감형되었지만 나머지 12명은 불과 1주일 후에 교수형에 처해졌다. 사형에서 종신형으로의 감형에 천황이 상당히 주도성을 발휘했다고 하지만 그 증거는 어디에도 없다. 천황이 '대역사건'에 대해서 남긴 감상은 한마디도 찾아볼 수 없다.

이렇게 보면 메이지 천황의 만년에는 큰 사건이 줄을 이었지만 이에 대하여 천황이 어떤 반응을 보였는지 알 수 있는 자료는 거의 없다. 1909년 10월 26일 자신이 신뢰하던 이토가 안중근에게 암살당했을 때 천황이 어떤 말을 했는지, 어떤 심정이었는지에 대해서도 전혀 알 수가 없다.

다만 『메이지 천황기』를 보면 이토의 영구가 일본에 도착한 1909년 11월 1일, 조정에서 칙사가 파견되어 이토의 관 앞에서 '통한의 극치'라는 천황의 말을 전하여 애도를 표하고 이토의 국장 비용으로 4만 5,000엔을 하사했다는 기록이 있을 뿐이다. 사이고 다카모리가 죽었을 때 젊은 천황이 보여준 행동과 비교하면 너무도 대조적이다.

'대역사건'이 일어난 같은 해 8월 '한국병합'에 대해서도 메이지 천황이 어떤 반응을 보였는지를 전해주는 자료가 없다. 천황은 안중근이 어떤 인물인지에 대해서도 '한국병합'에 대해서도 무관심했다. 그만큼 병이 상당히 진행되어 건강이 악화되었기 때문인지도 모른다.

1911년부터 천황의 체력 약화가 확연했다. 시의들은 섭생을 위해 당분간 육류·어패류 등을 삼갈 것을 주청하고 있다. 12월에는 육군참모본부에서도 천황의 건강을 우려하여 특별대연습의 계획을 축소변경하려 했지만 천황은 예정대로 할 것을 주문했다고 한다.

1912년 7월부터 천황의 건강은 심각한 상태를 보이기 시작했다. 그러나 천황의 병상에 대해서는 궁중 시의와 궁내대신 이외에는 원로 야마가타밖에 몰랐다. 천황 주변의 가까운 측근들은 모두 세상을 떠나고 공교롭게도 천황이 가장 싫어했다고 전해지는 야마가타 한 사람만이 메이지유신의 원훈으로서 천황의 주변에 있었다.

천황은 병상에도 불구하고 집무를 계속하고 있었다. 7월 3일에는 데라우치 마사다케 조선총독을 인견하고, 4일 내무대신 하라 다카시, 5일 원로 야마가타와 해군대신 사이토 마고토, 6일 총리대신 사이온지 긴모치를 인견하는 등 마지막

까지 다망한 집무를 보고 있었다. 7월 10일 도쿄제국대학교 졸업식에 참석했을 때 천황은 피곤한 기색이 두드러졌다.

천황은 7월 14일 아침부터 설사를 시작했으며 앉은 채로 꾸벅꾸벅 조는 모습을 자주 보였다. 15일에는 추밀원 회의에 출석했지만 여기서도 조는 모습을 보였다. 18일부터 외출이 불가능해지고 19일 의식불명에 빠졌다. 궁내성은 20일 천황의 병상을 발표했다. 당일은 한여름의 납량축제로 도쿄시민들이 가장 기대하는 료고쿠(両国)의 '가와비라키(川開き)'가 예정되었지만 당국의 조치로 중지되었다. 나쓰메 소세키(夏目漱石)는 그날 일기에 다음과 같이 적고 있다.

천자 아직 죽지 않았다. 가와비라키를 중지할 필요까지는 없지 않을까. 서민들이 이로 인하여 곤혹스러운 일이 많을 것이다. 당국자의 몰상식에 놀랄 뿐이다. 연극·기타 흥행도 정지하거나 정지해야 할 것인가로 소란을 피우는 꼴이란! 천자의 병은 만민의 동정을 사기에 족하다. 그러나 만민의 영업이 직접 천자의 병에 해를 주지 않는 한 진행해도 좋을 터다. 당국이 이에 대하여 간섭을 해서는 안 된다. …당연한 영업을 쉰다고 한다면 표면적으로는 마치 황실에 대한 예의가 두텁고 정이 깊은 것처럼 보이겠지만, 실은 황실을 원망하고 불평이 속에 쌓이게 될 것이다.

궁내성은 7월 22일 이후 매일 세 차례 천황의 병상을 발표했다. 관청에서는 매일 각 부처의 장관이 국장급 이하를 불러 경과를 전하고 훈시했다. 전국 각지의 사원과 신사, 기독교회도 21일부터 천황 쾌유를 기원하는 기도를 시작했다.

신문에서는 28일부터 천황의 중태를 호외로 보도했다. 중신들의 참내가 이어지고 있었기 때문이다. 이 가운데 가장 눈에 띈 사람은 노기 마레스케(乃木希典)였다. 노기는 하루 세 번 참내하여 시의로부터 용태를 들었으며, 참내 도중에는 야스쿠니신사에 하루도 빠짐없이 참배했다.

일반 시민들도 이때부터 황거 앞 니주바시(二重橋)로 운집하기 시작했다. 당시 언론이 '니주바시로 가자!'는 구호로 부추긴 부분도 있었다. 천황의 쾌유를 진심으로 기원하는 '민초'들의 '지성'은 하나의 전례가 되었다.

약 80년이 지난 1988년 9월 쇼와 천황의 병상이 발표된 이후 이듬해 1월 7일 사망할 때까지 약 100일간 700만 명이 넘는 시민들이 니주바시 앞에서 천황의 쾌유를 기원했다.

천황 '붕어'

1912년 당시 제1고등학교 2년생이었던 21세의 아쿠타가와 류노스케(芥川竜之介)는 친구에게 보낸 편지에서 다음과 같이 말하고 있다.

니주바시에 요배하러 갔던 누이가 소학생 3명이 얼굴을 땅에 대고 20~30분이나 절을 하고 있었다고 울면서 말했을 때는 나도 동요했다. 그러나 목숨을 대신 바치겠다고 니주바시 앞에서 극약을 마신 학생이 있었다는 말을 듣고는 갑자기 가기 싫어졌다. 전차를 타고 요배하러 갈 작정이었지만 그런 인간들만 있는 곳에 갈 정도라면 집에서 쾌유를 기원하는 편이 훨씬 좋다고 생각하게 되었다. 그사이에 붕어의 호외가 나왔다. 호외를 본 순간, 역시 요배하러 가는 편이 나았다고 통절하게 생각했다.

1912년 7월 30일 오전 0시 43분. 메이지 천황은 향년 61세로 숨을 거두었다. 직접 사인은 심장마비였다. 천황의 자리가 비어 있는 '공위' 시간은 불과 17분이었다. 황태자 요시히토가 오전 1시에 천조하면서 7월 30일부터 다이쇼(大正) 원년이 시작되었다. 궁내성은 1시 20분 '붕어'를 발표했다. 8월 27일에는 정식으로 '메이지 천황'으로 추호되었다. 국민은 자발적으로 가무음곡을 자제했다. 천황의 병상 발표 당시 '가와비라키' 축제를 중지한 당국의 조치에 화를 내던 나쓰

메 소세키도 장례절차에 대한 신문 기사를 충실하게 일기에 옮기고 「법학협회잡지」 8월호에 애도사를 게재했다.

그만큼 메이지를 살았던 일본인에게 메이지 천황의 죽음은 커다란 충격으로 다가왔을 것이다. 메이지 천황은 메이지시대의 구심점이고 국민의 정신적 통합의 상징이었다. 당시 저명한 저널리스트 도쿠토미 소호(德富蘇峰)의 동생이자 소설가 도쿠토미 로카(德富蘆花)의 다음과 같은 말은 메이지시대의 일본인이 메이지 천황과 자신을 어떻게 관련시켜 생각하고 있었는지를 단적으로 보여주고 있다.

폐하가 붕어하면 연호가 바뀐다. 그것을 모르는 바가 아니지만 나에게 메이지라는 연호는 영원히 계속되는 것처럼 느껴졌다. 나는 메이지 원년 10월생이다. 즉 메이지 천황 폐하가 즉위식을 올리신 해, 처음으로 교토에서 도쿄로 행차했던 달, 도쿄에서 서남으로 300리, 사쓰마에서 가까운 히고(肥後) 아시키다(葦北)의 미나마타(水俣)라는 촌에서 태어난 것이다. 나는 메이지의 나이를 나의 나이로 생각하는 데 익숙해져 메이지와 같은 해라는 긍지도 가지고 부끄러워하기도 했다. 폐하의 붕어는 메이지사의 막을 내렸다. 메이지가 다이쇼로 바뀌고 나는 생애가 중단된 것처럼 느꼈다. 메이지 천황이 나의 반생을 가지고 가버린 것처럼 느꼈다.

물론 모든 일본인이 천황의 죽음을 하나같이 슬퍼했던 것
은 아니었다. '대역사건'으로 억울한 죽음을 당한 사람들의
원령도 있을 터다. 도쿠토미 로카의 집에서 일하는 스무 살
의 하녀는 여덟 살 때부터 식모살이를 해서 낫 놓고 기역자
도 모르는 문맹이었다. 그녀는 러일전쟁의 영웅 도고 헤이하
치로 대장은 알지만 천황 폐하는 누군지 모른다고 했다. 메
이지시대에는 아직도 교육에 따라서, 또는 도시와 농촌, 계
급 차에 따라서 같은 일본인이라도 천황에 대한 '기억'이 달
랐던 것이다. 거의 모든 일본인이 '천황 폐하'라는 말에 직립
부동하고 목숨을 바쳐 충성을 맹세하게 되기까지는 수없이
되풀이되는 이데올로기적인 작위와 강제가 필요했다.

　　이러한 과정에서 메이지 천황의 '치적'을 칭송하는 갖가
지 언설은 일본인이 메이지 천황을 위대한 '성군(聖君)'으로
인식하게 만드는 데 중요한 영향을 미쳤다. 그리고 대다수
일본인이 천황을 신성한 존재로 인식하고 맹목적인 충성을
당연시하게 만드는 데 또 하나의 일익을 담당한 것은 다름
아닌 노기 마레스케의 '순사(殉死)'였다.

노기 마레스케의 순사

1912년 9월 13일 오후 8시 천황의 운구가 황거 앞 니주바시를 지나 아오야마(青山) 연병장의 장례식장으로 향할 때 노기는 장례식에 참석하지 않고 자택에서 부인과 함께 자결했다. 노기는 자신의 군도로 배를 가르고 그 칼로 목을 앞에서 뒤로 찌른 후 앞으로 쓰러져 죽었다. 부인 시즈코(静子)는 단도로 자신의 왼쪽 가슴 심장부를 찌른 상태에서 죽었다.

노기는 유서에 세이난전쟁에서 군기를 잃은 것을 수치로 여기며 죽음으로 그 죄를 사하려 했지만 기회를 얻지 못했다고 적었다. 또한 러일전쟁 당시 자신이 지휘하는 뤼순 공격에서 6만 명의 장병이 죽었다는 점에 대한 죄책감을 적었다. 자신의 두 아들도 뤼순 전투에서 전사했지만 무엇보다도 천황의 '신민(赤子)'을 잃은 것에 대하여 부끄러운 마음을 금할 수가 없었다는 심정을 말하면서 자신이 죽을 자리를 찾고 있었다고 했다.

노기는 천황이 병상에 쓰러진 이래 매일같이 참내하여 천황을 문병하고 회복을 기원했지만 보람이 없었다. 천황의 죽음으로 노기는 더 이상 충성의 대상이 없어졌다. 노기에게 남은 것은 천황에 대한 충절의 표시로 자신의 생명을 바치는 길밖에 없었다. 유서의 일부는 다음과 같은 내용이었다.

내가 황송하게도 천황을 따라 자살하는 죄는 결코 가볍지 않을 것이다. 그러나 메이지 10년의 전쟁에서 군기를 잃고 그 후 죽을 곳을 얻고자 했으나 그 기회를 찾지 못하고 두터운 황은을 입어 오늘까지 과분한 대우를 받았다. 이제 노쇠하여 이미 전쟁에 나갈 기회도 없는바 이번의 변고는 황송할 따름으로 여기에 각오를 정하기로 했다.

노기는 메이지 천황의 장례식이 치러지는 그 시각에 무사도에서 말하는 '순사(殉死)'를 한 것이다. 이후 일본에서는 천황에 대한 충신의 모범으로 노기를 '군신'으로 떠받들고 '노기 전설'이 만들어졌다.

천황을 따라 '순사'한 노기에 대한 평가는 연구자에 따라 엇갈린다. 도널드 킨은 뤼순 공방전에서 6만 명이나 되는 병사들이 죽은 것에 대하여 천황은 노기를 용납할 수 없었을 것이라고 보았다. 천황이 러일전쟁 후 노기를 참모총장이 아닌 학습원 원장으로 임명한 것도 군인으로서의 자질을 신뢰할 수 없었기 때문이라고 보고 있다.

그러나 아스카이 마사미치는 도널드 킨과는 정반대의 평가를 하고 있다. 즉 천황은 군인으로서의 노기보다 '정신가'로서의 노기를 신뢰하고 있었다는 것이다. 아스카이는 장문에 걸쳐 '노기 전설'을 서술하고 있는데, 그 내용을 참고로 정리해보면 다음과 같다.

메이지 천황과 노기

노기는 사실 군 지휘관으로서는 무능했다. 노기는 1877년 세이난전쟁 당시 29세로 구마모토(熊本)사단 보병 제10연대의 연대장이었다. 당시 한 차례의 실전 경험도 없는 농민 출신의 병사를 이끌고 사쓰마의 정예군과 맞서 싸운 데서부터 노기의 불행은 시작되었다.

구마모토 다바루자카(田原坂)에서 벌인 전투에서 노기 군대는 사쓰마군과 정면충돌하여 전면적으로 패배하고 퇴각할 때 군기(軍旗)를 잃었다. 군기를 담당했던 가와라 소위가 후퇴하는 과정에서 고립되어 전사한 것이다. 당시 노기는 전투 경과 보고서에서 다음과 같이 적고 있다.

군기를 잃고 살아서 돌아온다는 것은 무슨 면목인가. 반전하여 군기를 찾아오려는 자는 나를 따르라고 명령하니 따르는 자 반, 거부하는 자 반. 마라마쓰 군조 등이 울면서 나를 안고 저지했다.

노기가 스스로 사지로 뛰어들려 한 것은 결코 거짓이 아닐 것이다. 그러나 세이난전쟁이 끝난 후 노기의 방탕한 생활을 군기 사건에 대한 자괴심 때문이라고 해석하는 사람도 있지만 그것은 그가 순사한 후에 만들어진 이미지일 것이다.

노기의 군 경력도 그다지 화려하지 못했다. 예를 들면 같은 조슈 출신으로 수상까지 올라간 가쓰라 다로(桂太郎)와 비교해볼 때 노기의 승진은 지나치게 늦었다. 노기는 1871년 육군소좌로 군 경력을 시작했고 가쓰라는 1874년에 육군대위에 지나지 않았다. 그러나 1891년 가쓰라가 육군 중장으로 나고야 제3사단장으로 부임할 때 노기는 육군 소장으로 나고야 제5여단장이었으니 가쓰라의 부하가 된 셈이다. 노기가 중장으로 승진한 것은 가쓰라보다 5년 늦은 1895년 4월이었다.

이는 가쓰라가 유능했다기보다 노기가 군지휘관으로서 지나치게 무능했기 때문이다. 시바 료타로도 노기에 대한 평전 『순사』에서 노기를 평가하면서도 "노기는 군사 기술자로서는 거의 무능에 가까웠다"고 쓰지 않을 수 없었다. 러일전쟁에서 뤼순 공격을 위해 제3군이 편성되었을 때 군 수뇌부가 노기를 사령관으로 임명한 것은 10년 전의 청일전쟁 당시 노기가 여단장으로서 뤼순 공격에 참전한 경험이 있다는 정도의 의식밖에 없었다.

그렇다면 메이지 천황은 왜 이렇게 무능한 노기를 아꼈을까. 이에 대하여 아스카이는 1891년 모토다 사후 천황이 마음을 터놓고 대할 수 있는 인간은 후지나미 고토다(藤波言忠)와 같은 시종이나 노기 이외에는 거의 없었기 때문이라고 한다. 아스카이는 천황이 노기를 학습원장으로 임명한 것도 병약하고 의지가 약한 황태자 요시히토에 대한 교육을 다시는 실패하지 않기 위해 황손 히로히토에 대한 교육을 노기에게 맡긴 것으로 보고 있다.

실제로 노기는 천황으로부터 황손에 대한 교육을 위탁받았다는 사명감을 가지고 '정신가'로서의 측면을 더욱 강하게 했다. 노기는 학습원장으로 임명된 후 거의 매일같이 자택에도 돌아가지 않고 관사에 머무는 일이 많았다고 한다. 노기가 야마카 소고(山鹿素行)의 『중조실록(中朝史實)』을 애독하고 직접 필사한 책을 자결하기 직전에 히로히토에게 헌상한 것은 잘 알려진 사실이다.

노기가 메이지 천황에 대하여 더욱 송구스러운 마음을 가질 수밖에 없었던 사실을 전해주는 일화가 있다. 천황이 1902년 규슈에서의 육군 군사훈련에 참관하고 기차가 다바루자카(田原坂)를 지날 때 다음과 같은 와카를 지어 후지나미 시종을 불러 노기에게 전하라고 했다는 것이다.

지난날을 생각하면서 와카를 짓노라.

무사들이 전투를 한 다바루자카

소나무도 노목(老木)이 되었구나.

여기서 '노목'은 일본 말로 '노기'와 같은 발음으로 읽을 수 있다. 천황은 노기가 다바루자카에서 분전하다가 군기를 잃은 사실을 기억하고 와카를 지어 노기에게 보여주고 싶었던 것이다. 그러나 천황의 이러한 '애정'은 노기에게 오히려 괴로움으로 다가왔을 것이다.

노기는 러일전쟁 당시부터 죽을 각오를 굳혔다. 뤼순 공격에서 장남이 전사하자 부인에게 세 개의 관을 만들어 차남과 자신의 관이 갖추어질 때까지 장남의 장례식을 못 하도록 했다. 노기의 말에 거짓말은 없었다. 차남도 곧 전사했다. 노기도 필시 죽을 생각이었지만 뤼순을 함락할 때까지는 죽을 수 없을 뿐이었다. 이윽고 1905년 1월 뤼순 요새를 함락했지만 노기는 6만의 장병을 잃은 자책에서 벗어나지 못했다. 귀국 후 참내하여 천황을 배알하고 복명서를 올린 후 퇴출할 때 노기는 말했다.

오로지 이 미미한 신하의 불경한 죄, 엎드려 비나니 신에게 죽음을 내려주시면 할복으로 죄를 사하고 싶습니다.

천황은 한동안 말이 없었지만 이윽고 노기가 절을 하고 퇴출하려 할 때 노기를 불러 세우고 다음과 같이 말했다.

지금은 죽을 때가 아니다. 경이 만약 죽음을 원한다면 내가 세상을 떠난 후로 하라.

메이지 천황이 실제로 이렇게 말했는지 아니면 후일 창작인지는 정확하게 알 수가 없다. 정말 천황이 이렇게 말했다면 신하를 아끼는 군주의 진정성을 엿볼 수 있을 것이다. 당시 천황은 노기보다 세 살 연하이며 노기의 백발에 비하면 훨씬 건강하게 보였다. 또한 당시로서는 불치병이었던 당뇨가 발병되어 만성신장염으로 이행되고 있었지만 천황 자신은 모르고 있었다. 이 말을 그대로 믿는다면 천황은 노기가 당연히 자기보다 먼저 죽을 것이라고 생각하고 노기를 위로하기 위해서 한 말이었다고 할 수 있을 것이다.

메이지 천황은 사후 장례식까지 40일 이상 빈궁(殯宮)에 안치되어 있었다. 천황의 장례가 9월 13일로 결정된 9월 초, 노기는 자택에 초대한 측근들에게 맥주와 사케 그리고 서양 요리를 대접했다. 그러나 자신은 고기와 술을 입에 대지 않았다. 천황의 장례를 앞두고 이미 죽음을 각오하고 있었던 것이다.

'실상'과 '허상'의 일체화

메이지유신을 주도한 원훈들은 천황을 국가의 구심으로 삼고 근대 국민국가를 만들어갔다. 그 과정에서 메이지 천황은 그 어떤 주도적인 역할도 하지 못하고 만들어진 군주가 되어갔다. 그러나 이러한 메이지 천황의 '실상'을 단순하게 '꼭두각시'로 평가하는 것은 지나치게 단순한 결론이다.

메이지 초기의 천황은 실로 무력한 존재에 지나지 않았다. 그러나 부왕 고메이 천황과 같이 자신의 처지에 대하여 분노하거나 불만을 폭발하는 일은 한 번도 없었다. 세이난전쟁에서 천황이 보여준 자세는 자신으로서 할 수 있는 최대의 저항이었다.

그러나 근대국가의 체제가 정비되는 과정에 보조를 맞추어 천황도 군덕 함양의 수련을 통해서 만들어진 군주로서의 역할에 충실하기 위해 정부의 정책 결정을 지지하고 협력해 갔다. 특히 청일전쟁과 러일전쟁에서 천황은 직접 전쟁의 작전과 지휘에 일절 관여하지 않으면서도 국가의 상징이자 국민통합의 구심으로서의 역할을 충실히 수행하고 있었다. 그것이 바로 자신의 역할이라는 것을 자각하고 있었던 것이다.

천황은 국가의 중심으로서 강한 의무감과 책임감을 보였다. 역대 천황의 황통을 이어온 천황으로서 조상에 대하여 부끄러운 일을 해서는 안 된다. 만약 그것을 등지는 행위를 한다면 자신만의 죄에 그치지 않고 역대 황실 전체에 누를 끼치는 일이 된다고 생각하고 있었다.

이러한 메이지 천황의 자세는 인간 천황의 '실상'이 이데올로기적으로 만들어진 천황의 '허상'과 일체화되어가는 과정이기도 했다. 그리고 메이지 천황 사후 천황의 '실상'은 만들어진 '허상'과 거의 구분하기 어려울 정도로 일체화되어갔다. 인간으로서의 메이지 천황의 '실상'은 어느새 만들어진 천황의 '허상'과 일체가 되어 메이지신궁에 신으로 모셔지고 위대한 '대제(大帝)'로 추앙받게 된 것이다.

'5개조 서문'의 유산

메이지 천황의 손자 쇼와 천황은 패전 후 1946년 정월 초하루에 자신의 신격을 부정하는 조서를 발표했다. 이른바 만들어진 '현인신(現人神)'을 스스로 부정한 '인간선언'이었다. 그리고 31년이 지난 1977년 8월의 기자회견에서 쇼와 천황은 '인간선언'에 대한 기자들의 질문에 대하여 다음과 같이 말하고 있다.

민주주의를 채용한 것은 메이지 대제의 생각이시다. 더구나 신에게 맹세했다. 그것이 바탕이 되어 메이지헌법이 만들어졌으며, 민주주의라는 것은 수입한 것이 아니라는 것을 나타낼 필요가 있었다고 생각합니다. 그래서 특히 처음의 안(案)에서는 5개조 서문은 일본인이라면 누구라도 알고 있다고 생각하고… 일본의 긍지를 일본 국민이 잊어서는 안 된다고 생각했기 때문에, 저 훌륭한 메이지 대제의 생각이 있었다는 것을 나타내기 위해서 그것을 발표하기를 나는 희망했던 것입니다.

패전 후 30여 년이 지난 시점에서도 쇼와 천황은 메이지 원년에 자신의 조부가 발포한 '5개조 서문'을 일본식 민주주의의 출발점이 되었으며 그 연장선상에서 만들어진 메이지 헌법을 민주헌법이자 '일본의 긍지'라고 생각하고 있는 것이다. 더구나 회견에서는 '신격 부정(인간선언)'은 부차적인 문제이며 '5개조 서문'이야말로 "당시 칙어의 제1의 목적"이었다고까지 말하고 있다.

과연 메이지유신 직후 메이지 천황의 이름으로 공포한 '5개조 서문'은 일본 민주주의의 뿌리가 되었던가? 그리고 메이지시대의 일본은 민주주의국가였던가? 메이지시대에 민중이 주권자로서 권리를 행사한 적이 단 한번이라도 있었던가? 연합국의 일본 점령 당시 「시카고 선」지(紙)의 특파원 마크 게인은 취재차 나가 있던 니가타(新潟)역의 가판대에서 통역의 도움으로 신문을 사서 읽고 천황의 '인간선언'에 대하여 다음과 같이 비판하고 있다.

일본에 아무 일도 일어나지 않았다는 듯이 천황은 장황하게 '5개조 서문'을 인용하여 이것이 '우리나라 정치의 기초'라 하고 이 80년의 세월을 거친 '5개조 서문'이야말로 본래의 참된 민주제도로의 길을 여는 것이라고 말하고 있다. 총사령부의 모든 사람이 알고 있듯이 메이지 천황은 일본의 전투적인 국가주의의 지주라고도 상징이라고도 불리던 인물이며… 그의 치세 45년간을 통하여 민주정치는 단 한 번도 실시되지 않았으며, 또한 그 실현을 시도한 일도 없었다. 메이지 천황의 지배하에서 일본은 청국·러시아와 싸우고, 타이완을 영유하고 조선을 침략한 후에 이를 병합하고 나아가 만주에 '특수권익'을 확립했다. …그런데 히로히토, 즉 우리가 그 민주화를 목표로 하고 있는 국가의 천황은 민주일본의 지표를 19세기로 돌아가서 구하려 하고 있다.

메이지헌법을 민주헌법이라고 믿고 있던 쇼와 천황은 메이지시대 일본제국의 팽창으로 인하여 근린 아시아를 침략한 사실을 제대로 인식하지 못하고 있다는 것을 마크 게인은 신랄하게 비판하고 있는 것이다.

그러나 마크 게인과 같이 '5개조 서문'에 대하여 관심을 가지고 비판하는 일본인은 거의 없었다. 대부분의 일본인은 쇼와 천황이 국민들에게 전하려 한 '5개조 서문'의 메시지에는 관심을 가지지 않고 천황이 '신'에서 '인간'이 되었다는 '인간선언'에만 주목했다. 그것은 또 다른 의미에서는 '5개조 서문'과 메이지헌법이 일본 민주주의의 뿌리라는 것을 아무도 믿어 의심치 않았다는 것을 말해주고 있다. 그런 점에서 메이지 천황의 '허상'은 여전히 전후 일본에서도 살아 숨쉬고 있는 것이 아닐까.

참고문헌

ねず・まさし, 『天皇家の歴史』下, 三一書房, 1976.

宮内庁編, 『明治天皇紀』, 第一巻~第十二巻, 吉川弘文館, 1968~1977.

多木浩二, 『天皇の肖像』, 岩波文庫, 1988.

大濱徹也, 『天皇の軍隊』, 教育者歴史新書, 1978.

渡辺幾治郎, 『明治天皇』全2巻, 明治天皇頌德会, 1958.

藤原彰, 『天皇制と軍隊』, 青木書店, 1978.

鈴木正幸, 『近代の天皇』, 吉川弘文館, 1993.

笠原英彦, 『天皇親政』, 中公新書, 1995.

笠原英彦, 『明治天皇―苦悩する「理想的君主」』, 中公新書, 2006.

飛鳥井雅道, 『明治天皇』, 筑摩書房, 1989.

色川大吉, 『明治の文化』, 岩波書店, 1970.

西川誠, 『天皇の歴史7―明治天皇の大日本帝国』, 講談社学術文庫, 2018.

安田浩, 『天皇の政治史』, 青木書店, 1998.

安丸良夫,『近代天皇像の形成』, 岩波書店, 1991.

遠山茂樹,『明治維新と天皇』, 岩波書店, 1991.

伊藤之雄,『明治天皇』, ミネルウァ書房, 2006.

赤松俊輔ほか,『天皇論を読む』, 朝日新書, 1989.

田中彰,『近代天皇制への道程』, 吉川弘文館, 1979.

井上清,『天皇制』, 東京大学出版会, 1958.

井上清,『天皇・天皇制の歴史』, 明石書房, 1986.

佐々木高行,『保古飛呂比』, 東京大学出版会, 1970~1979.

佐々木克,『幕末の天皇・明治の天皇』, 講談社学術文庫, 2005.

筑波常治,『明治天皇』, 角川書店, 1967.

W.E. グリフィス, 亀井俊介訳,『ミカド』, 岩波文庫, 1995.

アーネスト・サトウ, 坂田誠一訳,『一外交官の見た明治維新』, 岩波文庫,
　1960.

ドナルド・キン, 角地幸男訳,『明治天皇』上・下, 新潮社, 2001.

T.フジタニ,『天皇のページェント』, 日本放送出版協会, 1994.

프랑스엔 〈크세주〉, 일본엔 〈이와나미 문고〉,
한국에는 〈살림지식총서〉가 있습니다.

메이지 천황 일본 제국의 기초를 닦다

펴낸날	초판 1쇄 2019년 8월 30일

지은이	박진우
펴낸이	심만수
펴낸곳	(주)살림출판사
출판등록	1989년 11월 1일 제9-210호

주소	경기도 파주시 광인사길 30
전화	031-955-1350　팩스　031-624-1356
홈페이지	http://www.sallimbooks.com
이메일	book@sallimbooks.com

ISBN	978-89-522-4075-0　04080
	978-89-522-0096-9　04080 (세트)

이 도서의 국립중앙도서관 출판시도서목록(CIP)은 서지정보유통지원시스템 홈페이지
(http://seoji.nl.go.kr)와 국가자료공동목록시스템(http://www.nl.go.kr/kolisnet)에서
이용하실 수 있습니다.(CIP제어번호: CIP2019028961)

책임편집·교정교열 **최정원 이상준**

인물로 보는 일본역사 시리즈 전11권

홍성화 외 10인 지음

2019년 3·1 운동 100주년 기념, 2020년 8·15 광복 75주년을 기념하여 일본사학회가 기획한 시리즈. 가깝지만 멀기만 한 일본과의 관계를 돌아보기 위해 한국사와 밀접한 대표적인 인물 11명의 생애와 사상을 알아본다.

577 왜 5왕 (倭 五王)
수수께끼의 5세기 왜국 왕 (인물로 보는 일본역사 1)

홍성화(건국대학교 글로컬캠퍼스 교양대학 역사학 교수) 지음

베일에 싸인 왜 5왕(찬·진·제·흥·무)의 실체를 파헤침으로써 5세기 한일관계의 실상을 재조명한다.

키워드 🔍

#왜국 #왜왕 #송서 #사신 #조공 #5세기 #백제 #중국사서 #천황 #고대

578 소가씨 4대 (蘇我氏 四代)
고대 일본의 권력 가문 (인물로 보는 일본역사 2)

나행주(건국대학교 사학과 초빙교수) 지음

일본 고대국가에 커다란 족적을 남긴 백제 도래씨족 소가씨. 그중 4대에 이르는 소가노 이나메(506?~570)·우마코(551?~626)·에미시(?~645)·이루카(?~645)의 생애와 업적을 알아본다.

키워드 🔍

#일본고대 #도래인 #외척 #불교 #불교문화

579 미나모토노 요리토모 (源賴朝)
무사정권의 창시자 (인물로 보는 일본역사 3)

남기학(한림대학교 일본학과 교수) 지음

무사정권의 창시자 미나모토노 요리토모(1147~1199)의 파란만장한 생애와 사상의 전모를 밝힌다.

키워드 🔍

#무사정권 #가마쿠라도노 #무위 #무민 #신국사상 #다이라노 기요모리 #고시라카와 #최충헌

580 도요토미 히데요시(豊臣秀吉)

일본 통일을 이루다 (인물로 보는 일본역사 4)

이계황(인하대학교 일본언어문화학과 교수) 지음

동아시아 국제전쟁으로서의 임진왜란과 난세를 극복하고 일본천하를 통일한 도요토미 히데요시(1537~1598)를 통해, 일본을 접근해본다.

키워드 🔍

#센고쿠기 #오다 노부나가 #도쿠가와 이에야스 #임진왜란 #강화교섭 #정유재란

581 요시다 쇼인(吉田松陰)

일본 민족주의의 원형 (인물로 보는 일본역사 5)

이희복(강원대학교 일본학과 교수) 지음

일본 우익사상의 창시자 요시다 쇼인(1830~1859), 그가 나고 자란 곳 하기 시(萩市)에서 그의 학문과 사상의 진수를 눈과 발로 확인한다.

키워드 🔍

#병학사범 #성리학자 #국체사상가 #양명학자 #세계적 보편성 #우익사상 #성리학

582 시부사와 에이이치(渋沢栄一)

일본 경제의 아버지 (인물로 보는 일본역사 6)

양의모(인천대학교 동북아 통상학과 강사) 지음

경제대국 일본의 기초를 쌓아올린 시부사와 에이이치(1840~1931), '일본 경제의 아버지'라 불리는 그의 삶과 활동을 조명한다.

키워드 🔍

#자본주의 #부국강병 #도덕경제론 #논어와 주판 #민간외교 #합본주의

583 이토 히로부미(伊藤博文)

일본의 근대를 이끌다 (인물로 보는 일본역사 7)

방광석(동국대학교 대외교류연구원 연구교수 · 전 일본사학회 회장) 지음

침략의 원흉이자 근대 일본의 기획자 이토 히로부미(1841~1909)의 생애를 실증적·객관적으로 살펴본다.

키워드 🔍

#입헌 정치체제 #폐번치현 #대일본제국헌법 #쇼카손주쿠 #천황친정운동 #을사늑약
#한국병합

584 메이지 천황(明治天皇)
일본 제국의 기초를 닦다 (인물로 보는 일본역사 8)

박진우(숙명여자대학교 일본학과 교수) 지음

메이지 천황(1852~1912)의 '실상'과 근대 이후 신격화된 그의 '허상'을 추적한다.

키워드 🔍

#메이지유신 #메이지 천황 #근대천황제 #천황의 군대

585 하라 다카시(原敬)
평민 재상의 빛과 그림자 (인물로 보는 일본역사 9)

김영숙(고려대학교 한국사연구소 연구교수) 지음

일본 정당정치의 상징이자 식민지 통치의 설계자. 평민 재상 하라 다카시(1856~1921)를 파헤친다.

키워드 🔍

#정당정치 #문화정책 #내각총리대신 #평민 재상 #입헌정우회 #정우회

586 히라쓰카 라이초(平塚らいてう)
일본의 여성해방운동가 (인물로 보는 일본역사 10)

정애영(경상대 · 방송통신대 일본사 · 동아시아사 강사) 지음

일본의 대표 신여성 히라쓰카 라이초(1886~1971). 그녀를 중심으로 일본의 페미니즘 운동과 동아시아의 신여성을 조명한다.

키워드 🔍

#신여성 #세이토 #신부인협회 #일본의 페미니즘 #동아시아 페미니즘 운동 #동아시아 신여성

587 고노에 후미마로(近衛文麿)
패전으로 귀결된 야망과 좌절 (인물로 보는 일본역사 11)

김봉식(고려대학교 강사) 지음

미 · 영 중심의 국제질서에 도전하고 독일 · 이탈리아와 동맹을 강화하여 전쟁의 참화를 불러온 귀족정치가. 고노에 후미마로(1891~1945)의 생애와 한계를 살펴본다.

키워드 🔍

#중일전쟁 #태평양전쟁 #신체제 #일본역사

㈜살림출판사
www.sallimbooks.com
주소 경기도 파주시 문발동 522-1 | 전화 031-955-1350 | 팩스 031-955-1355